Kathrin Rüegg / Werner O. Feißt

Vom Apfel bis zur Zwiebel

Was die Großmutter noch wußte, Band 3

Mit 118 Abbildungen von Rolf Kleinschnittger

Albert Müller Verlag
Rüschlikon-Zürich · Stuttgart · Wien

© Albert Müller Verlag AG, Rüschlikon-Zürich, 1987. – Nachdruck, auch einzelner Teile, verboten. Alle Nebenrechte vom Verlag vorbehalten, insbesondere die Übersetzungsrechte, die Filmrechte, das Abdrucksrecht für Zeitungen und Zeitschriften, das Recht zur Gestaltung und Verbreitung von gekürzten Ausgaben und Lizenzausgaben, Hörspielen, Funk- und Fernsehsendungen sowie das Recht zur photo- und klangmechanischen Wiedergabe durch jedes bekannte, aber auch durch heute noch unbekannte Verfahren. – ISBN 3-275-00912-5. – 1-40/87. – Printed in Switzerland

*Wir widmen dieses Buch
allen unseren Mitarbeiterinnen und
Mitarbeitern an Kochherd und
Schreibmaschine, hinter den Kameras und
Kulissen, im Garten, im Schminkraum
und am Probe-Eßtisch.*

*Wo nicht anders vermerkt,
sind die Kochrezepte
immer für vier Personen angegeben.*

Inhaltsverzeichnis

(Die ohne Namen aufgeführten Kapitel sind von Kathrin Rüegg)

8   Ein Wort voraus

Apfel
10   **Apfel**
12   Die Frucht der Früchte: Der Apfel (W. O. Feißt)
17   Die Großmutter wußte ...
18   Die Eßreife verschiedener Apfelsorten
19   Apfelrezepte
23   Der Apfel als Medizin

24   **Brot**
26   Was unseren Hunger stillt: Das Brot (W. O. Feißt)
30   Brot aus dem Dorfbackofen
33   Die Großmutter wußte ...
34   Getreidesorten
34   Brotback- und Brotrezepte
40   Die Verwertung von altbackenem Brot
41   Brot und Gesundheit

42   **Ei**
44   Was war zuerst: Das Huhn oder das Ei (W. O. Feißt)
48   Die Großmutter wußte ...
50   Zaubern mit Eiern
50   Rezepte mit Eiern
55   Schönheitspflege mit Eiern

56   **Kartoffel**
58   Der wahre Schatz der Indios: Die Kartoffel (W. O. Feißt)
60   Die Großmutter wußte ...
60   Kleine Kartoffelkunde
62   Rezepte mit Kartoffeln
66   Die Kartoffel als Medizin
67   Die Schönheitspflege mit Kartoffeln

67   Mit Kartoffeln Papier und Stoff bedrucken
68   Der Kartoffelgarten

70   **Milch**
72   Nahrung, welche die Natur selbst zubereitet: Die Milch (W. O. Feißt)
77   Milch – ein kostbarer Saft
78   Joghurt, Dickmilch, Junket, Kefir
80   Die Großmutter wußte ...
80   Rezepte mit Joghurt
81   Milch als Medizin
81   Schönheitspflege mit Milch und Joghurt
82   Von Kuh- und anderer Milch

84   **Rindfleisch**
86   Kraft vom Bruder Tier: Das Rindfleisch (W. O. Feißt)
92   Die Großmutter wußte ...
92   Rindfleisch-Rezepte

98   **Salat**
100   Da haben wir den Salat (W. O. Feißt)
109   Die Großmutter wußte ...
110   Salatwürzen und -kräuter
111   Von Öl und Essig
114   Salatsaucen
114   Essig als Medizin
115   Schönheitspflege mit Essig, Kopfsalat, Olivenöl
116   Brüsseler Chicorée im Garten

118   **Tomate**
120   Was unsere Urgroßmutter noch nicht kannte: Die Tomate (W. O. Feißt)

124	Die Großmutter wußte …	146	**Zwiebel**
124	Rezepte mit Tomaten	148	Hat sieben Häute, beißt alle Leute:
130	Schönheitspflege mit Tomaten		Die Zwiebel (W. O. Feißt)
131	Tomaten im Garten	151	Die Großmutter wußte …
		152	Zwiebelsorten
132	**Wein**	153	Rezepte mit Zwiebeln
134	Was des Menschen Herz erfreut:	156	Die Zwiebel als Medizin
	Der Wein (W. O. Feißt)	157	Die Zwiebel im Garten
140	Die Großmutter wußte …		
140	Rezepte mit Wein	161	**Nachwort** (W. O. Feißt)
144	Wein als Medizin	163	Register
144	Wein im Garten		

Literaturverzeichnis

Patricia und Don Brothwell: **Manna und Hirse.** Eine Kulturgeschichte der Ernährung, Verlag Philipp von Zabern Mainz
Victor Carl: **Die Pfalz im Jahr.** Eine pfälzische Volkskunde; Verlag Pfälzer Kunst Dr. Hanns Blinn, 6740 Landau i.d. Pfalz
Das große Lebensmittel-Lexikon. 3., durchgesehehe Auflage, ergänzt mit den neuen lebensmittelrechtlichen Verordnungen und Prof. Dr. W. Wirths **Kleine Nährwerttabelle der Deutschen Gesellschaft für Ernährung,** Pinguin-Verlag, Innsbruck, Umschau-Verlag, Frankfurt/Main
Handwörterbuch des deutschen Aberglaubens Band 2 bis Band 10. Walter de Gruyter, Berlin/New York 1987

Eva-Maria Schröder, Nicolai Worm: **Die 10 erfolgreichen Schritte.** Der Vitamin- und Mineralstoff-Ratgeber für Ausdauer-Sportler, Sportinform Verlag GmbH Franz Wöllzenmüller
Künzle Johann Pfr.: **Das große Kräuter-Heilbuch,** Verlag Otto Walter AG, Olten 1945
Müller, Susanna: **Das fleißige Hausmütterchen,** Verlagsbuchhandlung Albert Zeller, Zürich 1901
Schwintzer Ida: **Das Milchschaf,** Ulmer Verlag, Stuttgart 1983
Wilfort Richard: **Gesundheit durch Heilkräuter,** Rudolf Trauner Verlag, 1959

Ein Wort voraus

Ich sehe einen Buchhändlerlehrling vor mir. Vielleicht hat er Sommersprossen auf der Nase, vielleicht trägt er eine Brille mit Drahtgestell. Sicher aber ist, daß er sich den Kopf zerbricht, wenn er dieses Buch im Verkaufsgestell einordnen soll. Zu welchem Sachgebiet gehört es? Zu den Kochbüchern? Zu den Gartenbüchern? Zu den Büchern über natürliche Heilmittel? Wenn er infolge seiner Zweifel darin zu blättern beginnt, in einer von Werner O. Feißts Geschichten liest, dann wären auch die Sparten «Belletristik» und «Humor» zu erwägen ...
Lieber Lehrling (ich weiß, heutzutage sagt man «Azubi», aber die Großmutter bleibt halt beim Lehrling), du siehst, ich habe Verständnis für dein Problem. Computer können Themen immer wieder aufschlüsseln. Die Natur, das, was sie uns Menschen heilend, nährend, unsere Sinne erfreuend gibt, das ist ein schönes, rundes Ganzes, das alle unsere Lebensgebiete berührt. Unsere Großmütter wußten das noch — und unsere junge Generation ist immer mehr daran, dieses Wissen neu zu entdecken. Ich bin deshalb sicher, lieber Lehrling, daß du mir das Kopfzerbrechen, das ich dir bereite, nicht übelnimmst.
Ein paar allgemeine Überlegungen zu den einzelnen Themen möchte ich hier aber zum besseren Verständnis noch anbringen.
Kochen: Die aufgeführten Rezepte, die ich größtenteils von Zuschauerinnen unserer Fernsehsendung «Was die Großmutter noch wußte» erhalten habe, sind alle auf ihren Kaloriengehalt hin überarbeitet worden. Eine Hausfrau von heute muß beim Nachkochen alter Rezepte die veränderten Lebensgewohnheiten der Gegenwart berücksichtigen. Sie hat zum Beispiel dank der modernen Kochgeschirre die Möglichkeit, mit weniger Fett zu arbeiten.
Zwischendurch mal Schlemmen, «weil's nach Großmutter-Küche schmeckt», sollte einem aber doch erlaubt sein.
Medizinische Hinweise: Großmutters Hausrezepte gegen allerlei Gebresten sind sanfte Medizin. Sie nützen, wenn sie als Vorbeugung oder beim Beginn einer Krankheit verwendet werden. Sie ersetzen aber niemals medizinisches Fachwissen, also den Arzt.
Garten: Großmutters Gartenkniffe sind heute wieder topaktuell: unsere Vorfahren haben kein Geld gehabt, um künstlichen Dünger und chemische Pflanzenschutzmittel zu kaufen. Sie haben ihren Garten auf die Weise angebaut, die man heute biologisch nennt. Ich habe hier aber bloß Hinweise gegeben, die in den mir zugänglichen neueren Büchern über biologisches Gärtnern nicht erwähnt sind.
Zu den *Rezeptabbildungen:* Auch hier sind wir eine Art «Großmutter-Weg» gegangen. Moderne Kochbücher zeichnen sich aus durch wunderschön an- und hergerichtete Speisen, künstlerisch hervorragend fotografiert. Wie oft hört man dann aber den Seufzer einer angehenden Hausfrau: «So schön bringe ich meinen Braten, meinen Pudding nicht hin, obschon ich das Rezept genau be-

folge.» Was sie dabei nicht weiß: Im allgemeinen werden Gemüse und Früchte für solche Abbildungen nicht weich gegart, Fleisch wird nicht gewürzt – und nach der Ablichtung wird alles – da ungenießbar – weggeworfen. Wir können Ihnen aber garantieren, daß die in diesem Buch abgebildeten Speisen, liebevoll auf Hausfrauenart zubereitet, mit Stumpf und Stiel aufgegessen worden sind.
Zur Themenwahl: Da war die Qual groß. Werner und ich, wir sind uns ganz tüchtig in den Haaren gelegen. Zwischen Apfel und Zwiebel gibt es noch so viele Grundnahrungsmittel. Was habe ich darum gestritten, daß die Teigwaren noch mitberücksichtigt werden. Wie wehrte er sich, der Zucker oder mindestens Honig oder Schokolade müsse noch hinein ...
Ich glaube, wir haben schließlich das Ei des Kolumbus gefunden: unsere Sendereihe geht weiter, und damit wird es dann auch ein weiteres Buch dieser Art geben.
«So Gott will ...» sagte die Großmutter – und so hoffe ich es denn.

In diesem Sinne ein herzliches Wieder(fern)sehen

Ihre

Die Frucht der Früchte: Der Apfel

Die Geschichte des Apfels verliert sich wie die Geschichte des Menschen selbst in einer fernen Vorzeit. 8000 Jahre alt sind die ältesten Äpfel, deren Reste man gefunden hat, und es gibt keinen Grund anzunehmen, daß die Menschen vorher keine Äpfel gegessen hätten. Natürlich, die Äpfel hatten nicht sehr viel gemeinsam mit einer modernen Zuchtsorte wie etwa Golden Delicious. Sie waren winzig klein und sie waren sicher nicht besonders süß, dafür um so saurer. In Mitteleuropa war der Holzapfel in den Wäldern heimisch, längst wurde er als nutzloses Gewächs von den Forstleuten ausgerottet. Da und dort, zum Beispiel auf der Schwäbischen Alb, mag man ihn noch finden. Ihn und den etwas süßeren Paradiesapfel, einen Einwanderer aus dem Osten, sowie Mischformen von beiden: das haben unsere Vorfahren gegessen. Zwischen den Resten der Pfahlbauten am Bodensee und an den Schweizer Seen des Mittellandes findet man getrocknete Apfelschnitze. 2 cm dick waren die frischen Äpfel vielleicht. Das kann man schätzen, von der Größe der Hutzeln her. Und dann ist plötzlich auch ein größerer dazwischen, ein erster Kulturapfel, erste Zuchtform, Ergebnis einer Vermischung von Holzapfel und Paradiesapfel, wahrscheinlich. Jedenfalls den Apfel haben uns die Römer, im Gegensatz zu anderem Obst, nicht gebracht, höchstens ein paar Verfeinerungen. Das Wort Apfel ist germanischen Ursprungs, nicht wie so viele andere Bezeichnungen aus dem Lateinischen entlehnt.

«Und Gott sprach zu dem Menschen: ‹Von allen Früchten dieses Gartens darfst du essen, nur von dem einen nicht. Wenn du von diesem ißest, mußt du sterben.›» So heißt es im ersten und zweiten Buch Moses, und man stellt sich den Menschen vor, wie er brav nickt und «Jawohl, lieber Gott» sagt, weil es ja kein Problem zu sein scheint, alle Früchte des Paradiesgartens zu essen bis auf die eine. Und dann marschieren diese beiden Menschen, Adam und sein frisch gewachsenes Weib, mit dem er noch nicht so recht etwas anzufangen weiß, durch das Paradies, dahin und dorthin. Sie essen Pfirsiche und Aprikosen, Birnen und Reneklodn, Zwetschgen und Orangen, sie spielen mit Löwen und Elefanten, mit Krokodilen und Bären und, weiß der Himmel, irgendwann am Tag ergibt es sich wie von selbst, daß sie an diesem fatalen Baum vorbeikommen, dessen Früchte so verführerisch gelb und rot zwischen den grünen Blättern hervorleuchten. Und wenn man den Menschen kennt, sagen wir es so, wer sich selbst kennt, der weiß, daß über kurz oder lang der Zeitpunkt gekommen war, wo weder Bananen noch Mangofrüchte, weder Feigen noch Datteln noch irgend etwas anderes mehr geschmeckt hat. Die Vorstellung von der Süße und dem Wohlgeschmack der verbotenen Frucht nahm einfach überhand. Da saßen sie dann unter dem Baum mit dem Rücken an den Stamm gelehnt und erfanden die Diskussion und wahrscheinlich auch den ersten Ehekrach. Eva wollte, Adam wollte nicht, oder umgekehrt. Adam sagte: «So, jetzt ist Schluß, jetzt will ich meine Ruhe haben, jetzt essen wir von dem verdammten Zeug», und Eva: «Wenn du das machst, dann geh' ich heim zu meiner Mutter ...» Natürlich, das konnte Eva ja gar nicht sagen. Aber vielleicht hat sie bei dieser Gelegenheit die Migräne erfunden.

Und eines Tages, Adam war bei einer kolossal wichtigen Beobachtung wissenschaftlicher Art, vielleicht der Schwimmtechnik von Molchen, was Männer wahnsinnig interessiert, Frauen bekanntlich weniger, kam Eva an dem bewußten Baum vorbei, also so rein zufällig. Und da lehnte an dem Baum eine überaus hübsche Dame, mit rotem Haar, grünen Augen, trug ein Sonnentop aus schwarzer Brüsseler Spitze, durch dessen durchbrochene Struktur ein lila Bodystock zu sehen war. Unter einem breiten schwarzen Lackgürtel, dessen Schließe ein goldener Schlangenkopf war, bauschte sich ein schwarzseidener Glockenrock mit vielen Rüschen. Ihre langen, schlanken Beine, die im Gegenlicht unter dem Rock nicht aufzuhören schienen, steckten in schwarzen hochhackigen Lackschuhen, auf denen sich das Motiv des goldenen Schlangenkopfes wiederholte. Um den Hals trug sie eine goldene Schlange, deren Augen zwei Amethyste waren, die im Sonnenlicht irritierend funkelten. Die Schlange schien zwischen die Ansätze der beiden üppigen Brüste kriechen zu wollen, die sich unter der Spitze abzeichneten. Das rote Haar trug sie offen, ihre Augenbrauen hatte sie rasiert und schwarz nachgezogen. Sie benutzte grüne Wimperntusche und orangefarbenen Lippenstift. Zum Lippenstift passend war ihr Nagellack. Ihr Parfum hatte eine schwere, süße, orientalische Basisnote. Ihr gegenüber stand die Eva, so wie sie Gott geschaffen hatte. In ihrem Haar trug sie eine Margarite, das war alles. Gerochen hat sie nach dem Heu, in dem sie und Adam übernachtet hatten. Sie sah für einen objektiven Beobachter einfach zauberhaft aus. Aber das, was Lilith, so hieß die Dämonenfrau da am Baum, ausstrahlte, das gab Eva sofort die Gewißheit ihrer eigenen Armseligkeit. Frauen empfinden so.

«Guten Tag», sagte Lilith, «du bist Eva, gelt?» Eva nickte und stellte sich vor, wie es wäre, wenn … Ihren blonden Haaren würde das Schwarz natürlich auch stehen, etwas Rot sollte aber halt auch dabei sein, vielleicht der Rock. «Wo hast du das her?», fragte Eva. Die Grünäugige zuckte die Achseln, «Gott, aus meiner Boutique halt!»

«Wie kommt man da hin?», fragte Eva.

«Da mußt du raus aus diesem Paradies. Iß einen Apfel, dann bist du's.»

«Aber dann muß ich doch alt werden und sterben.»

«Richtig», sagte Lilith, «aber dafür kannst du auch jung sein und verführerisch.»

«Aber dann muß ich doch arbeiten.»

«Richtig», sagte Lilith, «aber du kannst auch Geld verdienen und mit dem Geld oder mit dem Geld von Adam das alles in meiner Boutique kaufen.»

«Aber dann muß ich doch auch Kinder kriegen.»

«Richtig, aber dafür kannst du auch den Adam verführen und nicht nur ihn.»

«Aber dann verliere ich doch das Paradies.»

«Richtig, aber dafür kannst du Dich ein Leben lang nach dem Paradies sehnen und nach seinem Glück und glauben, wenn du nur das und jenes erreichst, das und jenes kaufen kannst, den und jenen Adam eroberst, dann wirst du wieder glücklich sein, das Paradies wieder haben.»

«Aber dann werde ich mich doch von Gott trennen.»

«Richtig, aber dafür kannst du ein Leben lang zu ihm unterwegs sein.»

Da sah Eva, daß Adam neben ihr stand und daß er Lilith anstarrte, wie er sie nie angeschaut hatte. Und da riß sie einen Apfel vom Baum, biß hinein und gab ihn dem Adam, der ihn in sich hineinmampfte, wahrscheinlich ohne zu wissen, was er tat, denn von diesem Augenblick an brachten die

13

Frauen die Männer um den Verstand. So ähnlich muß man sich das vorstellen. Nach einer alten Tradition war die Frucht am Baum ein Apfel, obwohl in der Bibel nur vom Baum der Erkenntnis die Rede ist. Aber der Apfel ist halt die Frucht der Früchte. Sie ist der Göttin Demeter, der Göttin der Feldfrüchte geweiht, genauso der Aphrodite, der Göttin der Liebe. Der Apfelbaum, das ist der Baum des Lebens.

Zu den traditionellen Dingen, mit denen der Christbaum geschmückt wird, gehören die mit Speckschwarte abgeriebenen roten Matthiasäpfel. So wie der 24. Dezember das Fest von Adam und Eva ist, durch die von einem Apfelbaum der Tod in die Welt kam, so bringt Christus, dessen Symbol der Christbaum ist, das Leben wieder in die Welt. Wer sich in der Christnacht unter einen Apfelbaum stellt, der sieht den Himmel offen, so heißt es. Der Apfelbaum nimmt aber auch Krankheiten auf, Fieber, Schwindsucht, Gicht. Was kann man alles einem Apfelbaum klagen, sein Zahnweh zum Beispiel: Man geht in der Osternacht stillschweigend zu einem Apfelbaum, setzt den rechten Fuß gegen den Stamm und spricht: «Neu Himmel, neu Erde, Zahn ich verspreche dich, daß du mir nicht schwelst noch schwärest, bis es wieder Ostern wird.» Oder man geht früh vor Sonnenaufgang zu einem Apfelbaum, erfaßt einen Zweig und spricht: «Jetzt greife ich an den grünen Ast, der nehme von mir alle Last, alle meine bösen Gesichte, das Schwinden und das Reißen soll aus meinen Gliedern weggehen und in den Ast einschleichen.»

So, nun hoffe ich nur, daß ich weder mit Zahnärzten noch mit Psychiatern Probleme wegen der Konkurrenz bekomme. Vor allem, wenn ich jetzt noch sage, daß der Apfel, der von einem Erstkommunikanten mit in die Kirche genommen wird, zeitlebens vor Zahnweh bewahrt. Einem Neugeborenen schenkt man einen Apfel, damit es später rote Backen bekommt, wie es heißt. Aber natürlich ist der tiefste Sinn der, daß die Frucht vom Lebensbaum dem Kind Kraft gibt. Seit alters gilt es als Liebeszeichen, wenn man einer Person des anderen Geschlechts einen Apfel zuwirft. Mit mancherlei Manipulation, zum Beispiel wenn man einen bestimmten Buchstaben auf den Apfel schreibt, kann man sich die Liebe eines Mannes oder einer Frau erwerben. Da gibt es aber eine böse Geschichte.

Ein junger Mann hat einen Apfel magisch präpariert und der Angebeteten zugeworfen. Die aber fand den Jüngling keinesfalls liebenswert, sie mochte noch nicht einmal einen Apfel von ihm annehmen, und um ihm dies zu zeigen, warf sie den Apfel einem der Schweine hin, die ja früher noch frei auf der Straße herumliefen. Da ist die arme Sau in Liebe zu dem jungen Herrn entbrannt und ihm nimmer von der Seite gewichen, was ihm keinesfalls recht gewesen sein soll.

Ich habe diese Geschichte nicht erfunden. Sie steht in einem mittelalterlichen Geschichtenbuch.

Etwas muß ich Ihnen noch mitteilen, das wird alle Damen interessieren, das ist das Rezept des sogenannten Goldapfels. Den bereitet man folgendermaßen: In der Weihnachtsnacht wird ein Apfel auf den Boden geworfen und nach Abbeten eines «Vaterunser» mit dem linken Fuß rückwärts in den nächsten Bach geschleudert. Um Mitternacht begibt man sich wieder an den Bach und sucht nun den Apfel, der natürlich von dem Bach fortgeschwemmt worden ist. Spätestens um 1 Uhr muß man wieder unterm Dach des eigenen Hauses sein, sonst wird das Wasser des Baches untrinkbar (heutzutage ist das ja egal, weil sowieso kein Bachwasser mehr trinkbar ist, und das liegt nicht an den nicht gefundenen Äpfeln!). Hat man den Apfel glücklich gefunden, so wird er mit Salz und Brot an einen verborgenen Ort gelegt, wo man ihn am anderen Morgen als goldenen Apfel wiederfindet. Er ist aber so klein geworden wie ein Stecknadelkopf. Gelingt es einem, ihn wieder zu finden, dann

trägt man ihn im Haar, und alle Männer werden einem «geneigt». Hat das Mädchen aber dann ganz viele Verehrer gewonnen, dann kann sie mit Hilfe von Apfelkernen feststellen, welches der Treueste ist. Sie drückt sich so viele Apfelkerne an die Stirn, wie sie Verehrer hat, und ordnet jedem Kern einen Namen zu. Und wessen Kern am längsten hängen bleibt, der ist der Treueste.

Meine Mutter aß am liebsten eine von den ganz alten Apfelsorten, den kleinen roten Matthiasapfel, genau den, den man an Weihnachten an den Christbaum hängt. Sie nannte ihn Matthiskracher, und ich glaube, wenn sie ihn aß, dann erinnerte sie sich an daheim, wo es an Weihnachten für die Kinder ein paar Äpfel und ein paar Nüsse gab. Keine Weihnachtsgeschenke wie heutzutage. Und droben im Leimbach, wo meine Mutter daheim war, da wuchsen halt nur die uralten Apfelsorten. So wie es auch nur die kleinen Birnen gab, die meine Mutter «Geißhirtle» nannte. Man kann sie längst nicht mehr kaufen, kein Mensch würde sie heute essen. Sie waren erst richtig fein, wenn sie innen braun wurden, nicht faul, sondern braun von der Reife. Meine Mutter hat sie auch eingemacht, und in der Erinnerung kommt mir keine Konservenbirne an ihren unvergleichlichen Geschmack heran. Vielleicht gibt es sie noch irgendwo. Sicher.

Meine Mutter hatte, wie manch andere Frau und mancher Mann, Probleme mit der Verdauung. Sie hat auf geriebenen Apfel geschworen. Kathrin wird im medizinischen Teil des Kapitels Apfel den geriebenen Apfel als Mittel gegen Durchfall vorstellen. Aber er wirkt offenbar auch «andersherum». Er enthält nämlich reichlich Ballaststoffe, die den Darm zu seiner Arbeit anregen, so daß er einerseits durch den Gehalt an einem Stoff namens Pektin für eine Desinfektion des Darmes sorgt und damit Durchfälle zu heilen vermag, andererseits durch seine Ballaststoffe für eine gesunde Entleerung des

Darmes sorgen kann. Was die Schalen betrifft, so meint der Ernährungswissenschaftler, seien sie als Ballaststoffe nicht unwichtig, andererseits wäre es heutzutage im Hinblick auf die Luftverunreinigungen und auch die Pflanzenschutzmittel vielleicht besser, die Äpfel zu schälen, zumal die Vitamine nicht unbedingt «unter der Schale» sitzen. Auf jeden Fall sollte man den Apfel vor dem Essen gut waschen. Es gibt ca. 20 000 Apfelsorten auf der Welt, davon ca. 1 000 in der Bundesrepublik. 68 % der Bevölkerung in der Bundesrepublik nennen den Apfel ihr liebstes Obst. Jeder fünfte Deutsche ißt täglich einen Apfel. Die Hälfte der Bevölkerung ißt mehrmals in der Woche einen Apfel. Der Apfel ist auch deshalb so beliebt, weil man vielfältig mit ihm umgehen kann. Man kann ihn braten, backen, kochen, zu Mus verarbeiten, Apfelkuchen daraus machen und natürlich roh essen. Etwas Merkwürdiges ist, es gibt regelrechte Apfelmoden. So waren 1973 50 % der verkauften Äpfel Golden Delicious. 10 Jahre später, 1983, waren es nur noch 20 %. Die Marktforschung hat festgestellt, daß sich unser «Apfelgeschmack» von süß-aromatisch (Golden Delicious) nach süß-sauer (Jonagold, Gloster) verschoben hat. Rein äußerlich geht die Richtung hin zum farbigen Apfel, wie ihn die beiden genannten Apfelsorten präsentieren. Dennoch führt heute immer noch Golden Delicious, vor Cox Orange, Boskop, Gloster, Ingrid Marie, James Grieve, Goldparmäne und Glockenapfel die Liste der beliebtesten Apfelsorten an. Dabei ist auch nicht uninteressant festzustellen, daß zum Beispiel der Vitamin C-Gehalt beim Boskop bei 16,4 mg pro 100g-Apfel, beim Golden Delicious, dieser hochgezüchteten Sorte, nur bei 5,7 mg, also einem Drittel, liegt.

Bei der Aufzählung der Verwendungsart von Äpfeln habe ich natürlich vergessen, den Most zu erwähnen. Kathrin wird beschreiben, wie man den Apfelmost mit Hausmitteln machen kann. Meine Mutter hat immer ein Fäßchen davon im Keller gehabt, und sie war der Meinung, er sei besonders gesund. Früher hatten die Bauern auch in den Gegenden, wo es den Wein aus Trauben gab, immer ein Faß Apfelmost im Keller für den täglichen Durst bei der Arbeit draußen auf dem Feld, beim Pflügen und beim Mähen, zum Brot und zum Speck.

Und mit einer Geschichte aus dem Umfeld des Mostes möchte ich das Kapitel Apfel angemessen abschließen: Die Lehrerin in der Schule hat gefragt: «Wer kann sich denken, warum der Liebe Gott Adam und Eva verboten hat, von dem Apfelbaum zu essen?» Tiefes Schweigen.

Dann in der drittletzten Bank ein zaghafter Finger. Die Lehrerin, glücklich über den Erfolg ihres Unterrichts: «Na Mäxle, warum?» Und der kleine Max sagte: «S'Gott's hen wahrschienlich moschte welle», was auf Hochdeutsch heißt: «Die Familie Gott hat wahrscheinlich Most machen wollen.»

Was auch nicht mehr ganz dasselbe ist wie auf alemannisch. Aber das ist ein anderes Thema.

Ich halte einen Apfel in der Hand, rund ist er, glatt, vollkommen in seiner Art. Ein geschlossenes Ganzes. Er hat einen Stiel, der daran erinnert, wo er her kommt: vom Baum. Auf der anderen Seite ist der Rest der Blüte. Das war er einmal, eine schneeweiße Blüte mit einem Hauch von Rot. Ein zarter Duft ging von ihr aus, und Bienen kamen, um den Honig zu holen. Die Blütenblätter sind vergangen. Das, was bei der Blüte so gut wie gar nicht auffiel, das ist zum Apfel geworden: rund und schön und süß und voller Geschmack. Eine ganze Welt voller Geschmack und innen drin kleine braune Kerne, aus denen wieder Apfelbäume werden können mit Blüten, mit Früchten und mit Kernen. Symbol des Lebens, das weitergegeben wird. Von wo? Wohin? Auf manchen Gemälden der Mutter Gottes hält das Christkind einen Apfel in der Hand. Zu den Zeichen der Kaiserwürde gehört der goldene Reichsapfel. Vielleicht ist die Welt wirklich nichts anderes als ein Apfel in der Hand Gottes.

Die Großmutter wußte:

— *Äpfel schält* man mit dem Sparschäler. Man beginnt bei der Fliege und schneidet ringsum. Die Schalen trocknet man bei 50° C im Backofen. Sie ergeben einen durststillenden Tee.

— Äpfel werden *nicht braun,* wenn man sie nach dem Zerkleinern mit Zitronensaft beträufelt oder in Essigwasser legt.

— *Apfelringe trocknen:* Äpfel schälen, Kerngehäuse ausstechen, in Ringe schneiden, diese 10 Minuten in Salzwasser legen (1 EL Salz auf 1 l Wasser), abtropfen lassen, auf einen Faden aufreihen, diesen an einem luftigen Ort (am Fenster, auf dem Estrich) aufhängen. Die getrockneten Ringe in einem Stoffsäckchen aufbewahren.

— *Apfelsaft herstellen:* Falläpfel waschen, Fauliges wegschneiden, zerkleinern, häckseln oder durch den Fleischwolf geben. Maische über Nacht im Keller stehen lassen. Mittels einer Saftpresse den Saft abpressen. 1 kg Äpfel ergeben ca. ¾ l Most.
Süßmost pasteurisieren: in ganz saubere Flaschen abfüllen, diese mit Gummikappen verschließen, 50 Minuten bei 80°C sterilisieren. Auch der Dampfentsafter eignet sich zur Süßmostherstellung.

— *vergorenen Apfelmost* herstellen: Fässer oder Korbflaschen müssen ganz sauber ausgewaschen und geschwefelt sein (1 Schwefelschnitte genügt für ein Volumen von 100 l). Most einfüllen, ein Viertel des Gefäßes leer lassen. Hefekultur (in der Drogerie erhältlich) beifügen. Einen Gärstopfen, dessen äußerer Ring mit Wasser gefüllt ist, aufsetzen. Bei höchstens 25°C gären lassen, d. h. so lange stehen lassen, bis sich keine Blasen mehr bilden. Dann mittels eines Weinhebers (in Winzerzubehörgeschäften erhältlich) in Fla-

schen umfüllen, die man mit Korken verschließt. Liegend lagern.
— Äpfel werden im Keller *gelagert,* auf Obsthurden bei einer Temperatur zwischen 3 und 8° C. Die Stiele sollen gegen oben gerichtet sein. Am haltbarsten bleiben sie, wenn sie sich gegenseitig nicht berühren. Jede Woche muß der Vorrat einmal kontrolliert und Angefaultes entfernt werden.
Heute bewahrt man Äpfel auch in mit Löchern versehenen Plastiktüten oder in Boxen aus Styropor oder Sagex auf, die man, mit Zeitungen oder Zeitschriften bedeckt (zusätzlicher Frostschutz), auf dem Balkon oder im Estrich aufstellt.
— Zur *Frischhaltung der Luft im Krankenzimmer* besteckt man einen Apfel mit Lorbeerblättern und Nelken und hängt ihn beim Krankenbett auf.
— Äpfel regen den *Reifeprozeß* von Birnen, Pfirsichen und Tomaten an. Deshalb zu unreifen Früchten dieser Art einen reifen Apfel legen und alles an einem dunklen, kühlen Platz (aber nicht in Plastiktüten) aufbewahren.

Die Eßreife verschiedener Apfelsorten

Frühsorten (Mitte Juli bis Ende September)
Kläräpfel, James Grieve, Gravensteiner
Herbstsorten (Mitte September bis Jahresende)
Goldparmäne, Cox Orange, Berlepsch, Berner Rosen, Sauergrauech)
Wintersorten (anfangs Oktober bis Ende Mai)
Jonathan, Golden Delicious, Kanada-Reinette, Idared, Boskop, Maigold)
Spätsorte (anfangs Dezember bis Ende Juni)
Glockenapfel

Apfelrezepte

Kalbsleber Berliner Art

> 2 säuerliche Äpfel geschält, das Kerngehäuse ausgestochen, in dicke Scheiben geschnitten
> 2 EL Zitronensaft
> 4 Scheiben Kalbsleber
> 2 EL Mehl
> 4 Scheiben durchwachsener Speck
> 1 Zwiebel, in Ringe geschnitten
> 4 EL Butter
> Salz, Pfeffer

Die Apfelringe mit dem Zitronensaft beträufeln. Die Leberscheiben im Mehl wenden. Die Speckscheibchen in einer Bratpfanne knusprig braten, warmstellen. Die Zwiebelringe im Speckfett braten, zum Speck geben. 2 EL Butter in derselben Pfanne zerlassen, die Leberscheiben auf kleinem Feuer auf jeder Seite nicht länger als 3 Minuten braten, salzen, pfeffern. Gleichzeitig in einer zweiten Pfanne 2 EL Butter zergehen lassen, die Apfelringe auf jeder Seite hellbraun braten. Leberschnitten abwechslungsweise mit den Speckscheiben auf eine vorgewärmte Platte legen, Zwiebelringe rechts und links davon verteilen, den Bratenjus darübergeben.

Apfelmeerrettich

> 500 g säuerliche Äpfel
> 1 EL Butter
> ½ Tasse Wasser
> 1 EL Zitronensaft
> 1 Tasse geriebenen Meerrettich
> 1 – 2 EL Essig
> Salz
> Zucker

Die Äpfel schälen und in Stücke schneiden. In Butter, ein wenig Wasser und Zitronensaft weich schmoren. Durch ein Sieb drücken und mit dem Meerrettich verrühren. Mit Essig, Salz und Zucker abschmecken.

Apfelküchlein

> 4 Reinetteäpfel
> 4 EL Zucker
> 4 KL Zimt

Die Äpfel schälen, Kernhaus ausstechen, in 1 cm dicke Ringe schneiden, mit der Zimt/Zuckermischung bestreuen, zugedeckt ½ Std. stehen lassen.

> 2 Eier
> 2 EL Bier (oder stark kohlensäurehaltiges Mineralwasser)
> 2 EL Zucker
> 3 EL Milch
> 4 EL Mehl
> 1 Msp. Backpulver
> 1 Prise Salz
> 50 g Butter
> Fritieröl

Die Eier gut verklopfen, die restlichen Zutaten in der angegebenen Reihenfolge beifügen. Butter geschmolzen (aber nicht heiß). Die marinierten Apfelringe in den Teig tauchen, in heißem Fritieröl goldbraun backen, noch warm mit Zucker und Zimt bestreuen, warm oder kalt servieren.

Werners chinesische Variante der Apfelküchlein: wie oben beschrieben backen, Zucker und Zimt ersetzen durch flüssigen Bienenhonig.

Apfelkuchen Demoiselles Tatin

50 g Butter
150 g Staubzucker
900 g Äpfel
150 g Kuchenteig (s. S. 154)
Platte: 20 cm Durchmesser, Höhe 6 cm (Pyrex-Platte)

Die Äpfel schälen und vierteilen (Jonathan, Kochäpfel, Gravensteiner oder Golden Delicious). Das Kerngehäuse entfernen und die Apfelviertel in 5 mm dicke Scheiben schneiden. Pyrex-Platte mit einem EL Butter ausstreichen. ½ Tasse Staubzucker auf dem Plattenboden gleichmäßig verteilen und mit einer Lage Apfelscheiben belegen. Apfelscheiben mit einem EL Staubzucker und 1 KL Butterflocken bestreuen. Nächste Lage von Apfelscheiben einlegen und wieder mit 1 EL Staubzucker und 1 KL Butterflocken bestreuen. Diesen Vorgang wiederholen, bis alle Apfelscheiben eingelegt sind. Letzte Schicht mit 2 EL Staubzucker und 1 EL Butterflocken bestreuen. Platte auf den Boden des vorgewärmten Ofens stellen und nun mit auf höchster Stufe eingeschalteter Unterhitze während ½ Std. backen. Kuchenteig ausrollen (Durchmesser 20 cm) und damit die Apfelscheiben in der Platte bedecken. Nochmals 10 Min. backen, bis der Deckel eine goldbraune Farbe hat. Die Platte aus dem Ofen nehmen und den Apfelkuchen auf einen feuerfesten Teller stürzen (der Teigdeckel wird zum Boden). Die Oberfläche mit 2 EL Staubzucker bestreuen. Kuchen nochmals auf die oberste Backrille schieben und 5 bis 10 Min. überbacken, bis der Zucker karamelisiert.

Strudelteig (ergibt zwei Strudel)

350 g Weißmehl, gesiebt
1½ dl Milch
2 EL Sonnenblumenöl
1 Ei
1 Kl Salz

Ins Mehl eine Vertiefung machen, die restlichen Zutaten zuerst mit dem Schneebesen gut miteinander vermengen, in die Vertiefung geben, mit der Kelle mischen, bis der Teig glatt ist. Aus der Schüssel nehmen und auf dem Tisch mit wenig Mehl mit einem Teigschaber (jener halbmondförmigen Scheibe, die früher aus Horn, heute aus Plastik hergestellt wird) oder einem Spachtel kneten, bis er elastisch ist. Von Hand kneten ist nicht empfehlenswert, weil die zu warme Temperatur der Hand den Teig klebrig werden läßt.

1 Stunde unter einem erwärmten Suppenteller ruhen lassen. Kann auch tiefgekühlt werden.

Apfelfüllung (für einen Strudel)

2 EL Butter
2 – 3 säuerliche Äpfel geschält,
grob geraffelt (500 g)
2 EL Rosinen, in lauwarmem Wasser
eingeweicht
3 EL gemahlene Haselnüsse
½ KL Zimt
1 EL Rum oder Calvados
2 EL Paniermehl
1 Ei

Die Butter zergehen lassen, Äpfel, Rosinen, Zucker, Nüsse, Zimt zugeben, kurz dämpfen, mit dem Schnaps ablöschen, nochmals durchdämpfen, erkalten lassen.

Den Strudelteig (s. vorhergehendes Rezept) in ein Rechteck von ca. 50 x 25 cm auswallen, auf ein Tuch legen, zuerst das Paniermehl, dann die Apfelmasse darauf verteilen. Auf den beiden Längs- und der vorderen Querseite muß ein etwa 3 cm breiter Rand frei bleiben. Den Rand mit Ei bestreichen. Am hinteren Rand das Tuch hochheben und so den Strudel aufrollen, die Enden gut anpressen, mit Ei bestreichen. Mit einer Gabel Zierstreifen ziehen und einige Male einstechen. Im vorgeheizten Backofen bei 180° 30–40 Min. backen.

Apfelpudding

    200 g altbackenes Weißbrot, würflig geschnitten
    3 dl Milch
    500 g Apfelmus
    4 Eier
    3 EL Zucker
    1 KL Zimt

Das Brot mit der kochenden Milch übergießen, ½ Std. stehen lassen, von Hand zu Brei zerdrücken. Das Apfelmus, die mit Zucker und Zimt geschlagenen Eier darunterziehen. In eine panierte Puddingform einfüllen, verschließen, im heißen Wasserbad in dem auf 150° vorgeheizten Ofen 60 Minuten backen. Stürzen, noch warm mit Vanillesauce (siehe Seite 50) servieren.

Apfelrösti

    75 g frische Butter
    250 g altbackenes Brot, in feinen Scheiben
    8 saftige, säuerliche Äpfel, geschält, in Scheibchen geschnitten
    4 EL Zucker
    1 dl Apfelsaft
    1 Msp. Zimt
    2 EL Rosinen, ½ Std. in lauwarmem Wasser eingeweicht

Die Hälfte der Butter zergehen lassen, die Brotscheiben darin goldbraun rösten, die Apfelscheiben darüberstreuen. Auf kleiner Flamme zugedeckt dämpfen, bis die Äpfel gar sind. Von Zeit zu Zeit dem Pfannenrand entlang die restliche Butter zugeben. Zum Schluß den Zucker, den im Apfelsaft verrührten Zimt und die Rosinen daruntermengen. Schmeckt warm, lauwarm oder ausgekühlt gut.
Luxusvariante mit Vanillesauce! (siehe Seite 50)

Apfel-Chutney

- 1 kg Äpfel, geschält, Kerngehäuse entfernt und in Würfel geschnitten
- 250 g Preiselbeeren oder schwarze Johannisbeeren
- 3 Zwiebeln, fein gehackt
- 3 Knoblauchzehen, fein gehackt
- 1 Zimtstange
- 1 Orange, abgeriebene Schale und Saft
- ½ KL Cayennepfeffer
- ½ KL Salz
- 300 g Zucker oder Rohrzucker
- 3 dl Rotweinessig

Alle Zutaten außer dem Essig in einen Topf geben, mischen, 1 dl Essig dazugießen und unter Rühren aufkochen, dann Hitze reduzieren. Während ca. 1¼ Std. unter gelegentlichem Rühren zu einer dicken Masse einköcheln lassen. Dabei nach und nach den restlichen Essig zugeben. Die dicklich gewordene Masse heiß in vorgewärmte Gläser abfüllen, sofort verschließen.

Der Apfel als Medizin

«An apple a day keeps the doctor away» – ein Apfel am Tag macht den Arzt überflüssig. Umsonst haben die englischen Großmütter dieses Sprichwort nicht erfunden, denn Äpfel können vieles:

— bei hartnäckigem *Durchfall* ißt man nichts anderes als 1 kg geschälte, geraffelte Äpfel. Diese Menge in mehreren kleinen Portionen über den Tag verteilt. Die Äpfel sorgen für «Darmhygiene», das heißt, sie saugen Fäulnisstoffe und Bakterien im Darm auf.

— bei *Magenschmerzen* und *Erbrechen:* jede halbe Stunde einen Kaffeelöffel geraffelten Apfel.

— *Rekonvaleszenz:* nicht zu kalten Apfelsaft trinken. Leicht verdaulich, appetitanregend.

— *Cholesteringehalt* des Blutes niedrig halten: regelmäßig Äpfel essen.

— *Zahnreinigung:* die Fruchtsäuren des Apfels reinigen die Zähne und die Mundhöhle von schädlichen Bakterien. Einen Apfel essen ersetzt das Zähneputzen mit der Zahnbürste (Hilfsmaßnahme, wenn man die Zahnbürste vergessen hat!)

— *Halsleiden,* Schluckweh, Mandelanschwellungen: Umschläge mit einem in lauwarmen Apfelsaft getauchten Tuch

— *Fieber:* getrocknete Apfelschalen zu gleichen Teilen mit Goldmelissenblättern vermischen, 1 EL der Mischung mit ½ l kochendem Wasser übergießen, 10 Min. stehen lassen. Mit Honig süßen.

— *Nervosität:* Apfeltee. Einen ungeschälten Apfel scheibeln, mit 1 l kochendem Wasser übergießen, 2 Std. ziehen lassen. Der Kräuterpfarrer Künzle schreibt: «Für geistig arbeitende Personen und nervös Angestrengte ist dieser Tee Goldes wert».

Vorsicht: Der Genuß eines kellerkalten Apfels kann Magenschmerzen verursachen. (Die Großmutter sagte: «Äpfel kälten»). Mag man aber kalte Äpfel besonders, dann ißt man ein Stück Brot dazu.

Was unseren Hunger stillt: Das Brot

Man hat von Menschen und von Dingen, von Orten und Situationen der eigenen Vergangenheit ganz bestimmte Bilder gespeichert, die einem einfallen, wenn man sich erinnert. Eines dieser Bilder ist das Bild meiner Mutter, die einen Laib Brot nimmt, mit der anderen Hand ein Brotmesser und auf dem Boden des Brotes mit dem Messer drei Kreuze macht. Dann drückt sie das Brot an sich und schneidet das Knäusle ab. Immer hat meine Mutter das Brot geschnitten, nie mein Vater. Ich durfte es auch nicht tun, ich war ja noch zu klein und hätte das Brot «vernächst» wie meine Mutter sagte. Das konnte sie absolut nicht leiden, wenn die Brotscheiben ungleich dick und die Schnittfläche des Brotes nicht eben war. Hatte sie Brot geschnitten, legte sie den Laib und das Messer weg und klopfte das Mehl von ihrer Kittelschürze, die sie werktags immer trug. Wenn ein Stück Brot auf die Erde fiel, hob sie es auf, fuhr mit der Schneide des Messers über die Fläche des Brotes, um den Schmutz zu entfernen, und küßte es. «Warum machst du das, Mutter?», habe ich sie oft gefragt. «Ich muß das Brot um Entschuldigung bitten, daß ich's hab fallen lassen.»
In der Zeit nach dem Krieg, als Brot etwas Kostbares war, als die Menschen hungerten, hat mir oft meine Mutter einen Teil ihrer Brotration gegeben. Und nicht nur der Brotration. Sie hat gesagt: «Wenn man alt ist, muß man nicht so viel essen.» Ich habe das Brot angenommen und habe mich geschämt. Da hat es Mutter so gemacht, daß ich es nicht gemerkt habe: «Ich habe schon Kaffee getrunken.» Und ich habe gelernt, das bittere Brot des Almosens zu essen, wenn ich zu meinen Onkeln und Tanten auf dem Land gekommen bin und sie sagten: «Du lieber Gott, jetzt kommst du auch noch.» Seit dieser Zeit esse ich gerne altbackenes Brot, sie hatten immer nur altbackenes Brot für mich. Manchmal war grüner Schimmel darin. Heute hätte ich Angst, es zu essen, wegen dem Krebs. Meine Mutter hat nie geduldet, daß ein Stück Brot weggeworfen wurde, auch nicht zu Zeiten, als es noch genügend Brot gab. Was nicht gegessen wurde, übrig blieb, hat sie in einem Sack aufgehoben ...
Einmal in der Woche gab es Brotsuppe: Mutter hat eine gleiche Menge trockenes Brot mit Kartoffeln gekocht und dann durch ein Sieb gestrichen. In dieser Suppe, die säuerlich schmeckte und unvergeßlich, kam ein Löffel saure Sahne. Mutter nannte diese Suppe «Wöchnerinnensuppe», und sie sagte, diese Suppe hätten früher die Wöchnerinnen erhalten gegen das Kindbettfieber und die Entzündung der Brüste.
Ich muß noch sehr klein gewesen sein, als mir Mutter die Geschichte von der Saulache erzählte. Meine Mutter war im Hexental daheim. In einem Seitental, dort, wo es hinauf geht gegen den Kohler. In einem der kleinen Bergbauernhäuser. Wo das Tal in eine kleine Hochebene überging, war eine feuchte Stelle, morastig, mit ein paar kleinen Flecken offenen Wassers dazwischen: die Saulache. «Dort», sagte Mutter, «war einmal ein großes, reiches Schloß, und die Leute in diesem Schloß waren übermütig. Sie haben, wenn es geregnet hat, aus Brotlaiben Überschuhe gemacht. Da hat sie Gott gestraft und das Schloß ist in die Tiefe versunken.» Es gibt im Schwarzwald aber auch anderswo vie-

le Geschichten von Strafen, die Gott über die hat kommen lassen, die das Brot mißachtet haben. Schlösser und Städte sind versunken, Menschen sind zu Stein verwandelt worden, wenn sie ohne Ehrfurcht mit dem Brot umgingen. Das geht sogar so weit, daß ein Bauer, der im Herbst auf dem Weg eine vom Erntewagen herabgefallene Ähre findet, niemals mehr gutes Korn wird ernten können, wenn er die Ähre nicht aufhebt. Meine Mutter wurde sogar böse, wenn jemand den Brotlaib auf die falsche Seite legte. «Das bringt Unglück», sagte sie. In der Pfalz nennt man die untere, blasse Seite des Brotlaibes die Mädchenseite und die obere, braune, knusprige, die Bubenseite. Und wenn man das Brot auf die Bubenseite legt, dann muß man in der Hölle deren Qualen auf dem Bauch liegend ertragen. Bei dieser Bezeichnung «Buben- und Mädchenseite» kommt man leicht auf unkeusche Gedanken. Aber merkwürdigerweise gibt es im Zusammenhang mit dem Brot viel direkte Anspielungen auf den Sexualbereich des Menschen:
Sehen nicht Wecken und Brötchen und Gebäck wie das Weiblichste der Frauen aus und Hörnle, Kipfel und Stengel wie die entsprechende biologische Ausstattung von Männern?
Es mag in heidnische Zeit zurückweisen oder vielleicht auch nicht, jedenfalls hat es die Kirche nicht ausgerottet. Was mich wundert. Oder haben nur Kulturhistoriker die gleiche schlechte Phantasie wie ich?
Bei meiner Tante Rosa habe ich als Bub zuschauen können, wie sie Brot gebacken hat. Sie und Onkel Karl hatten einen großen Hof und viele Kinder und haben entsprechend viel Brot gebraucht. Onkel Karl hat den Backtrog auf dem Speicher mit dem Mehl gefüllt, das aus dem eigenen Getreide in der Mühle gemahlen worden war. In der schwarzen, verrauchten Küche, Tante Rosa hatte noch einen altmodischen riesigen Herd mit einem Rauchfang darüber, in dem Würste und Schinken hingen, hat sie den Vorteig gemacht, ihn gehen lassen und dann den Teig geknetet. Am anderen Morgen wurde Feuer gemacht im Backofen, der zugleich in der Stube die Kunst war, und wenn er recht heiß war, dann wurde die Glut zur Seite geschoben und die Brotlaibe kamen hinein. Mit dem letzten Teig wurde immer ein Waihen gemacht, d.h. auf den dünnen Brotteigboden kamen je nach Jahreszeit Speck, Zwiebeln, Sahne, Äpfel, Zwetschgen, und zum Mittagessen am Backtag gab es dann den Waihen mit einer Kartoffelsuppe. Tante Rosa hat immer für mehrere Wochen Brot gebacken, und am Ende der Zeit war das Brot oft schon hart. Vor Weihnachten hat Tante Rosa getrocknete Birnen und Zwetschgen eingeweicht und zusammen mit kleingehackten Nüssen und einer angemessenen Menge Kirschwasser unter den Teig geknetet. Das gab dann das Hutzelbrot, das früher im Schwarzwald der Weihnachtskuchen der Bauern war. Ob sie zu dieser Zeit bereits Linzertorte gemacht haben oder nicht, weiß ich allerdings nicht, wie überhaupt das Thema Linzertorte und ihr Weg in den Schwarzwald, wo sie der Festtagskuchen generell ist, zwar auf die Zeit verweist, da der südliche Schwarzwald zu Vorarlberg und damit zu Österreich gehörte, aber ansonsten unerforscht ist. Am Rande muß ich noch anmerken, ich habe einmal in Linz Originallinzertorte gegessen: das ist vielleicht ein armseliges Zeug, verglichen mit der Linzertorte meiner Tante Anna, aber darüber habe ich mich an anderer Stelle schon ausführlich geäußert.
Zurück zum Hutzelbrot meiner Tante Rosa, das meine Cousine Marie vor Weihnachten, wie alle anderen Herrlichkeiten, meiner Mutter brachte. Von diesem Hutzelbrot bekamen die Kühe in der Christnacht zu fressen. Onkel Karl ging zu jeder Kuh, sprach mit ihr und fütterte sie mit einem Stück davon. Es gibt wenige Nahrungsmittel, die mit so viel Bräuchen, auch abergläubischen Bräuchen

verbunden sind, wie das Brot. Meine Mutter sagte, wer den letzten Bissen Brot einem Hund oder einer Katze gibt, dem schwinden die Lebenskräfte. Wenn man verreist, muß man das Brot vom Tisch nehmen und in den Schrank legen. Wenn man das Brot über Nacht auf dem Tisch liegen läßt, weinen die armen Seelen. Als Symbol des Hauses muß immer über Nacht Brot im Haus sein, und wenn das letzte Brot am Abend gegessen wird und keines mehr im Haus ist, dann bedeutet das Unglück, an Weihnachten fürs ganze nächste Jahr. Man darf das Brot nicht auf das Bett legen, sonst schläft die Arbeit, d. h. sie hat keinen Erfolg. Die Schnittfläche des Brotes darf nicht gegen die Tür schauen, weil so das Glück aus dem Haus geht. Man darf kein Messer aufs Brot legen und keines hineinstechen, sonst beleidigt man Gott.

Brot dient als Liebeszauber, Fruchtbarkeitszauber, mit Brot kann man etwas über die Zukunft erfahren. Wenn man zum Beispiel in Gedanken ein zweites Stück Brot streicht, ist Besuch zu erwarten. Junge Mädchen können mit Hilfe von Brot, das sie aus Mehl gebacken haben, das in drei unterschiedlichen Häusern erbettelt worden ist, ihren Schatz im Traum sehen. Mit Hilfe von Brot kann man Diebe bannen. Im Mittelalter wurde Menschen, die des Diebstahls verdächtig waren, ein auf besondere Weise geweihtes Brot zu essen gegeben; konnte der Verdächtige das Brot schlucken, so war er unschuldig, blieb es ihm «im Halse stecken», dann war er der Dieb. Mit geweihtem Brot kann man Gefangene befreien. Man kann mit Brot Menschen Unglück bringen, aber man kann auch den Gegenstand seiner Liebe an sich binden. So gibt manchmal der Bursche seinem Mädchen ein Stück Brot heimlich zu essen, das mit dem Schweiß seiner Achselhöhle durchtränkt ist. Wenn man Brot in die Milch schneidet anstatt brockt, so schneidet man der Kuh das Euter ab, d. h. sie gibt keine Milch mehr. Hexen und Dämonen zaubern mit Brot. Man muß aufpassen, daß die Dämonen keine Gewalt über das Brot bekommen, darum darf man es zum Beispiel nicht auf den Boden legen. Ist jemand verhext, so hilft Brot mit dem Kreuzzeichen oder neun Stücklein Brot und neun Kohlen. Wer gern Brotrinde ißt, den verläßt das Glück nicht. Brot und Salz werden seit altersher bei vielen Völkern dem Fremden als Willkommensgruß gereicht, und noch heute geben auch bei uns viele Leute denen, die in eine neue Wohnung oder in ein neues Haus ziehen, Brot und Salz als kraftspendende und schützende Gabe.

Ich habe einmal den Mönchen des Heiligen Berges beim Brotbacken zugeschaut. Sie hatten das Korn in der eigenen Mühle gemahlen, früh am Morgen, während die anderen Mönche in der Hauptkirche des Klosters den Orthros, das Große Morgengebet, sangen. Sie haben den Teig geknetet und kleine Laibe daraus gemacht. Und sie haben aus demselben Teig, der für ihr tägliches Brot bestimmt war, die kleinen Prosphoren geformt, die Brote, die in der heiligen Liturgie benutzt werden. Sie bestehen aus zwei kleinen Teigballen, die übereinander gelegt werden und die bedeuten, daß Christus Mensch war und Gott. Und sie haben mit einem Model ein Kreuzzeichen eingeprägt mit einer Schrift, die in abgekürzter Form bedeutet: «Christus siegt». Sie haben über das Brot, ehe es in den Ofen kam, das «Vaterunser» gebetet. Ein Priester hat das Brot gesegnet. Der Teig wurde aus Mehl und geweihtem Wasser und Salz bereitet. Es kam etwas vom Teig des letzten Backens hinein, der in einer Schüssel aufgehoben worden war. Das genügte, um den Teig aufgehen zu lassen und das Brot luftig werden zu lassen. Die Mönche sagen: «Die Kraft des geweihten Wassers läßt den Teig aufgehen», aber natürlich ist es der Teig vom letzten Mal, der ein Sauerteig ist. Ich mag solche naturwissenschaftlichen Erklärungen eigentlich nicht. Ich finde es schön, an die Kraft des geweihten

Wassers zu glauben. Aus den Prosphoren schneidet der Priester in der orthodoxen Liturgie Stücklein. Ein großes Stück, das, auf dem «Christus siegt» steht, bedeutet Christus selbst; ein kleines dreieckiges Stück steht für die Mutter Gottes; 9 kleine Stücklein für die Engel, Propheten und die Väter der Kirche, und viele weitere kleine Stücklein für Patriarchen und Erzbischöfe, Priester und die Gläubigen, die Lebenden und die Toten. Dieses Brot wird Gott als Geschenk dargebracht.

Warum schenken die Menschen ihrem Gott Brot? Natürlich schenken sie ihm auch Wein. Aber warum Brot? Wenn man sich überlegt, ob es etwas Kostbareres gibt, das Menschen haben, dann fällt einem nur auf den ersten Blick Gold und Geschmeide ein. Was ist das schon letztendlich wert? Es gibt die Sage vom König Midas, einem König, der alles, was er berührte, in Gold verwandelte. Er mußte verhungern. Wirklich kostbar ist, wenn man es genau besieht, nur Brot. Edelsteine und Gold kommen in der Natur vor, ihre Gestalt wird verändert vom Goldschmied oder vom Edelsteinschleifer, aber sie bleiben, was sie sind. Brot ist das Zusammenwirken von Gott und den Menschen: Gott hat das Korn durch die Natur wachsen lassen, weil der Bauer den Acker gepflügt hat, weil der Bauer das Saatkorn ausgesät hat, weil der Bauer den Acker gedüngt hat, weil der Bauer das Korn geschnitten hat, weil der Bauer oder seine von Menschenhand gebaute Maschine das Korn gedroschen hat. Der Müller hat es gemahlen mit Hilfe einer sinnreich erdachten Maschine, der Bäcker hat aus dem Mehl Brot gebacken.

Früher hat man von Gefangenen gesagt, sie erhielten im Kerker Wasser und Brot, das absolute Minimum. Mich hat das als Kind sehr beeindruckt.

Auf dem Heiligen Berg bin ich einem Mönch begegnet, der seit 25 Jahren täglich nur 2 Scheiben Brot und 25 Oliven gegessen hat. Brot ist das Grundnahrungsmittel, das Notwendigste, was Menschen haben. Und Brot ist das Symbol für alle Nahrung «... unser tägliches Brot gib uns heute ...».

Der Wein, der auch im Gottesdienst Gott geschenkt wird, er ist das Symbol des Überflüssigen, dessen, was unser Leben schön und lebenswert macht. Davon werden wir in einem anderen Kapitel reden. Brot ist ein wahrhaft würdiges Geschenk an Gott.

Im Simmental sagt man, «es kamen drei Dinge vom Himmel herab, das eine war die Sonne, das andere war der Mond, das dritte unser heiliges tägliches Brot.»

Meine Mutter pflegte zu sagen: «Brot und Salz, Gott erhalt's». Ich weiß, man sagt es so von den Zutaten des Bierbrauens, aber meine Mutter hat das vom Brot gesagt.

Meine Mutter hatte in einem rot-weiß gewürfelten Tuch ein Stück trockenes Brot. Das hat ihr die Großmutter mitgegeben, als Mutter zum ersten Mal von daheim fortging, gegen das Heimweh.

Brot aus dem Dorfbackofen

Es gibt bestimmte Verrichtungen, die sind für mich nicht nur Arbeit, sondern auch Andacht: Gärtnern zum Beispiel. Da bin ich einfach mit den Blumen und Pflanzen ein Stück Natur und freue mich über jeden Fortschritt.
Oder ein Schaf melken. Da halte ich mein Gesicht an den Körper des Tieres gepreßt. Ich rieche den warmen Geruch nach Schaf. Seine Wolle streichelt meine Wange, mein Ohr hört das Glucksen und Kollern im Schafbauch und meine Hände gewinnen die Milch, die unvergleichlich gut schmeckt.
Die dritte Arbeit gibt mir das Gefühl, für alle, die in meinem Haus leben, zu sorgen. Sie vereint mich mit den Scharen von Frauen, die das schon seit ältester Urzeit getan haben: Brot backen.
Da ist jenes Erlebnis, das ich am Anfang meines Tessiner Lebens hatte: Ich ging durch die Gasse eines nahegelegenen Weilers, erschnupperte einen unbeschreiblichen Duft, ein Gemisch von Holzfeuer und gebackenem Brot. Als ich diesem Duft folgte, gelangte ich zu einem Dorfbackofen, aus dem soeben das Brot herausgenommen wurde: an den Rändern waren die Fladen dunkelbraun, gegen die Mitte hin wurden sie etwas heller. Die Rinde hatte Blasen – und im Boden steckten da und dort Holzkohlestückchen.
Ich wollte ein solches Brot kaufen. Das gehe leider nicht, sagte die Frau, die die Laibe in einen Korb legte. Kaufen nicht – aber geschenkt bekommen könne ich eins. Eigentlich wollte ich eine Scheibe dieses Brotes aufbewahren. Aber es schmeckte so gut, daß ich es aufaß bis zur letzten Krume.
Als jene Frau wiederum Brot buk, durfte ich ihr zusehen: Sie hatte im Wohnraum einen hölzernen Backtrog aufgestellt. Obwohl es sommerlich warm war, brannte im Kamin das Feuer. «Brot braucht Wärme», erklärte sie mir beinahe feierlich. Ich sehe sie immer noch vor mir: eine kleine, zarte Frau, das Gesicht mit Runzeln bedeckt, das Haar unter einem blauen Kopftuch verborgen, eine rot-weiß karierte Küchenschürze umgebunden.

An der Türe polterte es. Da kam ihr Mann, ein Koloß von einem Mann, der die Tür beinahe ausfüllte. Er hielt einen Mehlsack vor sich. Zwanzig Kilogramm seien es, erklärte er mir. Und mit geübtem Schwung ließ er das Mehl in die Mulde gleiten. Die Frau brachte eine Schüssel mit dem Sauerteig, den sie im Keller verwahrt hatte, und vermengte ihn mit etwas warmem Wasser. Dann drückte sie eine Vertiefung ins Mehl, goß den Teig hinein und rührte, dem Vertiefungsrand entlang fahrend, etwas Mehl in den Teig. Das Ganze wurde nun mit einem Leinentuch – einem handgewebten notabene – so liebevoll zugedeckt wie ein Kind in seinem Bettchen. Anderntags mußte ich mich morgens um sechs Uhr schon wieder einfinden. Nun brannte im Raum nicht nur das Kaminfeuer. Auch im Kochherd prasselte es. Zuerst wurde allen eine Tasse Kaffee eingeschenkt, und dann durfte ich zusehen, wie der Teig geknetet wurde. Die Frau hatte ihre Ärmel zurückgekrempelt, einen Teigschaber bereitgelegt – jene biegsame halbmondförmige Scheibe zum Entfernen des Teigs von Händen und Teiggefäß. Ihr Mann stand mit einem Kännchen – bitte: es war ein Kännchen und nicht eine Kanne – mit lauwarmem Wasser bereit. Die Frau begann, von der Mitte aus beginnend, ihren Teig zu bereiten. Sie arbeitete immer mehr Mehl hinein, und ihr Mann hielt in seinen schaufelgroßen Händen das Kännchen, aus dem er von Zeit zu Zeit ein kleines bißchen Wasser zugoß. War es leer, dann holte er aus dem Wasserschiff des Kochherdes Nachschub. Die Frau bearbeitete ihren Teig. Ihr Mann wischte ihr hie und da die Stirn ab und goß Wasser nach. Auch mir, die nichts tat als zuschauen, floß der Schweiß vom Gesicht: es war unerträglich heiß im Raum. Das mußte so sein, sollte das Brot richtig aufgehen.

Man muß jahrelang Brot gebacken haben, um mit flinken, anmutigen Bewegungen zwanzig Kilogramm Mehl verarbeiten zu können. Eine Zeitlang sah der Teig klebrig aus und zäh, schien sich aber dann auf einmal zu fügen und löste sich vom Rand der Mulde.

Mit dem Teigschaber stach die Frau nun Teigstücke ab, formte sie auf dem bemehlten Tisch zu Fladen, legte sie in einer ordentlichen Reihe auf ein Brett, das ihr Mann bereithielt. Sobald ein Laib auf dem Brett lag, wurde er zugedeckt mit dem leinenen Tuch. War ein Brett voll, wurde auch noch eine Wolldecke darübergelegt. Sauerteigbrot darf keinen Durchzug bekommen.

Der letzte Laib war nun zum Ruhen gebettet, eine weitere Tasse Kaffee wurde getrunken – und nun ging's ans Anfeuern des Ofens. Tessiner Backöfen sehen aus wie Miniaturhäuser. Sie sind aus Bruchsteinen gemauert, mit einem Dach aus Steinplatten gedeckt. Anstelle eines Fensters hat es etwa auf Tischhöhe eine eiserne Ofentüre – oben oft mit einer ehrfurchtgebietenden Jahreszahl versehen. Diese Türe stand jetzt am Boden. In die Ofenöffnung wurden einige Reisigbündel geschoben und angezündet. Das Ofenloch bleibt offen, denn einen Kamin gibt es nicht.

Der Mann erklärte mir, das Feuer müsse nun so lange brennen, bis die dicke Steinplatte unterhalb der Ofentüre sich von unten her warm anfühle. Das dauere seine drei, vier Stunden, wobei er nochmals Reisigbündel nachschieben müsse. Und nun gehe er noch in den Wald, um Farnkraut zu holen. «Wozu braucht man zum Brotbacken Farnkraut?» überlegte ich mir auf meinem Heimweg. Nun, ich würde es ja bald erfahren.

Die drei, vier Stunden waren vorbei. Ich ging wieder zum Backofen. Die Unterseite der Steinplatte habe die richtige Temperatur. Der Mann kam mit seinen Farnkräutern, die er zu einem dicken Bündel zusammengebunden und an einen Besenstiel gesteckt hatte. Er nahm seinen Farnbesen und schob damit die Glut der verkohlten Reisigbündel ringsum an den Rand des Ofens. Dann holte er

im Haus eines der Brotbretter. Erst vor dem Ofen entfernte er die Umhüllungen. Schön aufgebläht hatten sich die Fladen. Er legte den ersten auf ein schaufelartiges, hölzernes Gerät, mit dem auch ein Bäcker sein Brot in den Ofen gleiten läßt. Man muß genau die ruckartige Bewegung kennen, die es braucht, um den Brotfladen auf den Ofenboden zu schieben. Eines ums andere der Brote verschwand im Ofen. Die eiserne Türe wurde davorgestellt. Ich blieb vor dem Ofen sitzen, um den Duft des Brotes von Anfang an genießen zu können. Nach einer Viertelstunde begann ich ihn zu riechen. Er verstärkte sich mehr und mehr. Nach einer halben Stunde wurde die Türe geöffnet. Die Brote, die am Rand gelegen hatten, wurden nun in die Mitte versetzt, die mittleren nach außen geschoben. Türe zu – eine weitere Viertelstunde Wartezeit: nun wurden die Laibe noch umgedreht, damit auch die Unterseite jene appetitliche Kruste bekam – und schließlich holten wir – ich war nun zur Hilfsbäckerin aufgerückt – einen nach dem andern der heißen, knisternden Laibe aus dem Ofen, um sie in den bereitgestellten Korb zu schichten. Ich nahm drei Geschenke mit:
Da war wiederum der Laib Brot, dann ein Glas, gefüllt mit Sauerteig, den die Frau vor dem Formen der Laibe für mich beiseite gelegt hatte, und als drittes und größtes das Wissen, wie man früher Brot in einem Dorfbackofen gebacken hat, und welch schöne Arbeit Brotbacken ist.
Heute backt niemand mehr Brot in jenem Ofen. Die Frau und der Mann – sie leben zwar noch, sind aber zu alt. Ich habe ihre Brotback-Arbeit hier so genau aufgeschrieben, weil es vielleicht einmal eine Enkelin geben wird, die diese Tradition fortführen will ...

Die Großmutter wußte:

— *Frische Hefe* ist kompakt, hat beim Zerbrechen glatte Flächen, riecht frisch und angenehm.

— Hefe darf *nicht in Berührung kommen* mit Salz, Fett und über 40° Wärme.

— *Frisch gemahlenes Mehl* ist gehaltvoller und schmackhafter.

— Zugabe von *Kleie* (bis zu 10% des Mehlgewichts) läßt das Brot feuchter werden.

— *Vollkornbrot* darf man ofenfrisch essen, warmes Weißbrot dagegen ist sehr schwer verdaulich.

— Brot soll luftig und vor Feuchtigkeit geschützt *aufbewahrt* werden. Es muß «atmen» können.

— *Altbackenes Brot* läßt man niemals schimmlig werden (es darf dann auch nicht mehr an Tiere verfüttert werden.) Wegwerfen von Brot ist eine Sünde!

— *Altbackenes Brot* zerschneidet man in Scheiben oder Würfel, bevor es ganz hart ist. So kann es nicht schimmeln und läßt sich besser weiterverarbeiten.

— Brot, das nicht befriedigend *aufgegangen* ist, kann man «retten», wenn man eine Schüssel voll heißes Wasser in den Backofen stellt, dann zuerst 20 Minuten bei 150° backt, später die Temperatur auf 200° erhöht.

— *Geformtes Brot* stellt man vor dem Backen eine Viertelstunde kühl und schiebt es dann in den auf 220° vorgewärmten Ofen. So verliert es seine Form nicht mehr.

— Brotteig läßt sich leichter *kneten*, wenn man die Schüssel in den Schüttstein stellt (die Arbeitshöhe ist besser).

— Mehl soll in eine angewärmte Schüssel *gesiebt* werden.

— Brot bepinselt man mit kaltem Wasser, bevor man es in den Ofen schiebt. So bekommt es eine *glänzende Oberfläche*.

— *Kastenbrot* nimmt man sofort nach dem Bakken aus der Form, sonst wird es schwammig.

— *Schrot* (bis zu ¼ der Mehlmenge) wird vorher eingeweicht, wenn man besonders feuchtes Brot erzielen will. Die Wassermenge von der totalen Flüssigkeitsmenge des Rezepts abziehen!

— Zum Backen von *Roggenmehl* braucht man Sauerteig.

— Ob ein Brot *durchgebacken* ist, kann man feststellen, indem man auf den Boden des Laibes klopft: es muß hohl tönen.

— Hefeteig geht auch im *Kühlschrank* auf. Es dauert aber viel länger.

— Große *Fleischstücke,* in Brotteig gebacken, werden besonders wohlschmeckend und saftig.

— Zusatz von *Anis oder Kümmel* gibt nicht nur einen feinen Geschmack (besonders bei Roggenbrot). Er verhindert auch das Austrocknen, weshalb sich das Brot länger frisch hält.

— Von Brot, das einen Tag alt ist, ißt man *weniger* (die ältere Generation erinnert sich an die Kriegszeit, wo den Bäckern der Verkauf von frischem Brot bei hohen Strafen verboten war).

— *Frisches Brot* läßt sich schöner schneiden, wenn man die Messerklinge wärmt.

— *Nicht mehr ganz frisches Brot* wird wieder knusprig, wenn man es kurz unters fließendes kalte Wasser hält und 5 Minuten in den auf höchster Stufe vorgewärmten Backofen schiebt.

— Packt man *angeschnittenes Brot* zusammen mit einer Apfel- oder Sellerieknollenhälfte, dann bleibt es länger frisch.

— Wird es trotzdem am Stück hart, dann kann man es auf einer feinen Raffel zu *Paniermehl* reiben.

Getreidesorten

Besonders gut zum Brotbacken eignen sich:

— Weizen
— Dinkel
— Roggen

Brotback- und Brotrezepte

Scones (Rettung, wenn man zu wenig Brot im Haus hat!)

    1 kg *Weißmehl*
2 – 3 KL *Salz*
    6 KL *Backpulver*
  250 g *Butter oder Margarine*
    ½ l *Milch*

Backofen auf höchste Stufe einstellen. Mehl auf den Tisch sieben, Salz, Backpulver und Butter (in Flocken) beigeben, alles miteinander zu einer krümeligen Masse verarbeiten, portionenweise Milch zufügen, bis ein kompakter, aber nicht nasser Teig entstanden ist. Diesen in zwei gleichgroße Stücke teilen, jeden Teil zu einem runden Fladen von etwa 20 cm Durchmesser drücken, wie einen Kuchen in dreieckige Stücke schneiden, diese auf ein gefettetes Backblech legen, 15 – 20 Minuten backen. Können noch warm gegessen werden.

Bauernbrot

Früher buk man aufs mal soviel Brot, wie im Backofen Platz hatte. Heute sollte man auch diese Großmutter-Weisheit wieder berücksichtigen, um Strom zu sparen. In einem normal großen Backofen kann man auf zwei Blechen gleichzeitig backen. Beim konventionellen Typ muß man daran denken, die Bleche nach der halben Backzeit auszutauschen, beim Heißluftbackofen entfällt dies.

2 Würfel Frischhefe à 42 g
1 dl lauwarmes Wasser
2 kg Ruchmehl (Typ 640)
2 EL Salz
ca. 1,4 l lauwarmes Wasser

Die Hefe zerbröseln, mit 1 dl lauwarmem Wasser anrühren. Das Mehl in eine vorgewärmte Schüssel sieben, das Salz dem Schüsselrand entlang ins Mehl streuen. In der Mitte des Mehles eine Vertiefung machen, das Hefewasser hineinschütten, mit einem Löffel etwas Mehl hineinrühren. Dies ist der Vorteig, den man nun mit einem warmen, feuchten Tuch zugedeckt an einem warmen Ort ½ Std. gehen läßt. Dann stellt man die Schüssel ins Geschirrwaschbecken. Dadurch hat man eine zum Kneten besser geeignete – weil tiefere – Arbeitsfläche. Man legt den Teigschaber bereit (jenes halbkreisförmige Arbeitsgerät, mit dem man den Teig von der Schüssel kratzen kann) und stellt vorsichtshalber auch eine geöffnete Mehltüte in Reichweite. Außerdem sollte man die Ärmel sorgfältig zurückrollen. All diese Verrichtungen mit teigverklebten Händen tun zu müssen, wäre mühsam. Man könnte hier einwenden, heutzutage knete man einen Brotteig mit der Maschine. Ich habe aber festgestellt, daß es bei dieser Quantität Mehl von Hand gleich gut geht bei weniger Zeitaufwand, weil man nachher keine Maschine reinigen muß.

Nun arbeitet man das lauwarme Wasser nach und nach ins Mehl. Man kann das anfänglich mit dem Rührlöffel machen. Ich ziehe es vor, von Anfang an meine Hände als Rühr- und Knetmaschine zu benützen. Je mehr Wasser man ins Mehl gibt, desto kleiner sollen die einzelnen Zugaben sein. Man schabt den Schüsselboden und die Hände ab, knetet diese Krümel in den Teig, wobei man ihn gegen innen einlegt und mit den Handballen gut drückt, denn durch das Kneten soll Luft in den Teig gearbeitet wer-

Bauernbrot, zum Aufgehen in Körbchen gelegt,

... sehen gebacken so aus.

den. Ist der Teig zu feucht, so gibt man kleine Mengen Mehl dazu und knetet so lange, bis ein glatter Teig entstanden ist. Man schneidet mit dem Teigschaber eine Kerbe. Enthält der Teig Luftblasen, so ist er genügend lang geknetet. Man deckt ihn wieder mit einem warmen, feuchten Tuch zu und läßt ihn nun 2 Stunden an einem warmen Ort stehen. Er muß ums Doppelte aufgehen.

Dann zertrennt man ihn in vier Teile, knetet jeden Teil einzeln nochmals gut durch, formt längliche oder runde Fladen, die man auf die eingeölten Backbleche legt. Nochmals läßt man sie mit dem warmen, feuchten Tuch bedeckt solange gehen, bis der Backofen, in den wir eine feuerfeste Schüssel mit heißem Wasser gestellt haben, die Temperatur von 200° erreicht hat. Die Brotlaibe werden mit Wasser bepinselt und längs- oder kreuzweise eingeschnitten in den Backofen geschoben. Backdauer 20 Minuten, dann die Temperatur auf 180° reduzieren, Bleche eventuell austauschen, nochmals 20 Minuten backen.

Sauerteigbrot

Wer noch nie Brot gebacken hat, übt sich mit Vorteil zuerst mit dem Bauernbrot (siehe Rezept auf Seite 34). Man bekommt dadurch das Gefühl, wie ein Brotteig sein muß, und gerät nicht in Panik, wenn der Teig am Anfang wie Leim an den Händen klebt – was hauptsächlich beim Backen mit Roggenmehl der Fall ist.

Für Sauerteigbrot braucht man zunächst einmal einen Sauerteig. Am schönsten ist es, wenn man diesen von einem lieben Menschen geschenkt bekommt, denn je länger ein Sauerteig schon «gelebt» habe, desto besser sei er.

Wer keine Sauerteig-Freundin hat, bereitet ihn sich folgendermaßen zu:

Man rührt eine Tasse Roggenmehl mit einer Tasse lauwarmem Wasser zu einem dünnen

Brei, bedeckt ihn mit einem Gazetuch (Gaze, weil diese sehr luftdurchlässig ist) und läßt ihn zwei bis drei Tage lang an einem angenehm warmen Ort stehen. Dann soll er säuerlich riechen und kleine Blasen bilden. Tut er das nicht, war die Umgebungsluft zu schmutzig oder die Temperatur zu kühl: man muß ihn wegwerfen und einen zweiten Versuch starten.
Erfüllt er aber die angegebenen Voraussetzungen, dann geht man wie folgt vor:

1,500 kg *Weißmehl (in Deutschland Typ 405)*
0,500 kg *Roggenmehl (in Deutschland Typ 1140)*
2 EL *Salz*
1 EL *Brotgewürz (siehe Seite 39)*
Sauerteig
8 – 9 dl *lauwarmes Wasser*

Am Vorabend siebt man zuerst das Weißmehl, dann das Roggenmehl in eine Teigschüssel, streut das Salz und das Gewürz ringsum dem Rand entlang. In der Mitte des Mehls macht man eine Vertiefung, schüttet den Sauerteigbrei hinein und mischt etwas Mehl darunter. Der Vorteig soll aber nicht kompakter sein als ein dünnes Mus. Eventuell verdünnt man ihn mit etwas lauwarmem Wasser.

Hat man einen Sauerteig geschenkt bekommen, dann verrührt man ihn mit 1 dl lauwarmem Wasser und geht dann wie oben beschrieben vor.

Man bedeckt die Schüssel mit einem Tuch und läßt sie bis am Morgen stehen.

Nun beginnt die Arbeit des Teigknetens. Man legt sich einen Teigschaber bereit und vergißt nicht, eine bereits geöffnete Tüte mit Weißmehl in Reichweite zu haben. Mit teigbedeckten Händen danach zu suchen, ist ärgerlich. Auch achtet man darauf, daß die Ärmel bis zum Ellenbogen ordentlich zurückgerollt sind.

Man verknetet anfänglich bloß mit der rechten

Kartoffelbrot

Sauerteigbrot

Hand den Vorteig, der Blasen zeigen soll, sobald man unter die Oberfläche kommt. Nach und nach gibt man etwas lauwarmes Wasser dazu und knetet dann den Teig mit beiden Händen, indem man ihn vom Rand her gegen die Mitte hochhebt, zusammendrückt, um Luft hineinzuarbeiten. Nach der Zugabe von 8 dl Wasser sollen die einzelnen Wasserportionen immer kleiner werden. Der Teig fühlt sich sehr zäh und klebrig an. Man schabt den Schüsselboden und die Hände mit dem Teigschaber rein, verarbeitet auch diese Mehlresten, eventuell ist noch eine kleine Wasserzugabe nötig. Weiter kräftig kneten — bis der Teig zu einer schönen, glatten Kugel wird. Davon sticht man eine Tasse voll Teig für das nächste Brot ab und bewahrt ihn zugedeckt im Kühlschrank oder im Keller auf. (So bleibt er ca. 3 Wochen frisch). Den Rest zerschneidet man in vier gleichgroße Stücke, die man auf einer bemehlten Oberfläche zu runden Fladen formt. Je zwei davon bedecken ein gefettetes Backblech. Man bepinselt die Fladen mit etwas Öl und schneidet sie kreuzweise mit etwa 10 cm langen Schnitten ein. Dann schiebt man sie zum Aufgehen in den (ungeheizten) Backofen — vorausgesetzt, daß in der Küche eine Temperatur von 20° herrscht.

Abends nimmt man die Brote aus dem Ofen, heizt diesen vor auf 175°, backt die Brote 20 Minuten in dieser Hitze, erhöht dann auf 200°. Wer einen Ofen mit Ober- und Unterhitze hat, backt mit Mittelhitze und wechselt nach einer halben Stunde die Bleche aus. Gesamte Backzeit gut 1 Std.

Kartoffelbrot
Nachfolgendes Rezept tönt zwar etwas kompliziert. Ich habe aber bewußt alle Arbeitsgänge ganz genau beschrieben, damit auch einer Anfängerin dieses feine Brot, außen knusprig und innen feucht, gelingt. In unserem Haushalt bak-

ken wir Kartoffelbrot, wenn wir sowieso Pellkartoffeln kochen.

> 2 Würfel Frischhefe
> 6 dl lauwarmes Wasser
> 500 g Weißmehl (in Deutschland Typ 405)
> 500 g Ruchmehl (in Deutschland Typ 650)
> 1½ EL Salz
> 500 g mehlige Kartoffeln mit der Schale, gewaschen

Die Hefe mit 1 dl der obigen Wassermenge anrühren. Das Mehl in eine angewärmte Schüssel sieben. Die Kartoffeln mit kaltem Wasser aufsetzen.
Im Mehl eine Vertiefung machen, das Hefewasser hineinschütten, mit etwas Mehl einen flüssigen Vorteig anrühren. ½ Std. gehen lassen.
Das Salz und das restliche Wasser dazugeben, zuerst mit dem Kochlöffel, dann von Hand einen Teig kneten. Diesen mit einem warm angefeuchteten Tuch bedecken, aufgehen lassen. Die nun gekochten Kartoffeln noch heiß schälen, etwas auskühlen lassen, an der Bircherraffel in den Teig raffeln, alles noch einmal gut durchkneten, wiederum mit dem feuchten Tuch bedeckt um das Doppelte gehen lassen. Durchkneten, 2–3 Brotlaibe formen, diese in einem gut bemehlten Brotkorb oder in einer Schüssel nochmals 10 Minuten gehen lassen, auf ein gefettetes Backblech stürzen, im auf 200° vorgewärmten Ofen ¾ Std. backen.

Rezept für *Brotgewürz,* das man sich in der Apotheke mischen lassen kann:

> 10 % Anis
> 10 % Fenchel
> 20 % Koriander
> 55 % Kümmel
> 5 % Kardamonpulver

Verwertung von altbackenem Brot
Käseschnitten Schmatz

> 1 KL Sonnenblumenöl
> 8 Scheiben altbackenes Brot
> 8 KL herben Weißwein
> Maggi-Würze
> 8 Scheiben gut schmelzender Käse (z. B. Fontina, Appenzeller, Formagella oder Taleggio)
> 8 Hälften eingekochter Pfirsiche oder Birnen

Das Backblech einölen, die Brotscheiben drauflegen, mit dem Weißwein und einigen Spritzern Würze befeuchten, die Käsescheiben darauflegen, in den auf starker Oberhitze vorgewärmten Ofen schieben, ca. 5 Minuten backen, bis sich goldene Blasen auf dem Käse zeigen. Das Kompott im Saft erhitzen, damit die fertig gebackenen Käseschnitten belegen.

Nuß-Schnitten

1 KL Sonnenblumenöl
8 Scheiben altbackenes Roggenbrot
8 KL Süßmost
3 Eier
1 EL Zucker
200 g geschälte, geriebene Mandeln
1 EL Mehl

Das Backblech einölen, die Brotscheiben darauflegen, mit dem Süßmost beträufeln. Die restlichen Zutaten gut miteinander vermengen und auf die Brotscheiben streichen. In den auf 200° Oberhitze vorgeheizten Ofen schieben, die Schnitten ca. 10 Minuten backen. Sie sollen goldbraun werden.

Für meinen Begriff die beste Art, altbackenes Brot zu verwenden, ist die Tessiner Brottorte, eine Art von «Man-nimmt-was-man-hat-Kuchen». Die Variation der Zutaten ist hier erlaubt, da der Kuchen nicht aufgehen muß. Das einzige, was gleich bleiben sollte, sind die Brot-, Milch- und Eiermengen und – auch wenn ich deshalb vielleicht von strengen Abstinenzlern einen bösen Brief bekomme: es sollte etwas Schnaps hinein, sonst hat der Kuchen keinen Pfiff.

Bevor Sie Ihr eigenes Rezept kreieren, versuchen Sie's mit folgendem, das ich von verschiedener Seite her bekommen habe. Man hat mir erzählt, daß eine Tessiner Zeitung vor etlichen Jahren einen Wettbewerb für das beste Brottorten-Rezept ausschrieb. Es sollen über vierhundert Rezepte eingeschickt worden sein, wobei das nachstehende das preisgekrönte sei:

Torta di pane

300 g altbackenes Brot
1 l Milch
1 Vanilleschote
1 Ei

    1 Prise Salz
10 Amaretti-Bisquits (siehe Kapitel Ei)
  1 Zitrone (Saft und Schale)
4 EL Zucker
2 EL Kakaopulver
2 EL Schnaps (Grappa, Kirsch, Cognac)
  2 Handvoll Weinbeeren
  1 Handvoll Orangeat und Zitronat
1 KL Sonnenblumenöl
  1 Handvoll Pinienkerne
1 EL Grießzucker

Das Brot in eine Schüssel geben, die Milch mit der aufgeschlitzten Vanilleschote aufkochen, die Kerne herauskratzen, alles über das Brot gießen, über Nacht stehen lassen. Die Vanilleschote entfernen, mit den Händen das Milch-Brot-Gemisch zu einem homogenen Teig zerdrücken. Die übrigen Zutaten (außer Öl, Pinienkerne und zweiter Zuckermenge) hineinarbeiten. Die Springform mit dem Öl auspinseln, den Teig hineingeben (die Form darf bis obenhin gefüllt werden, das Volumen vergrößert sich nicht mehr). Den Teig schön glattstreichen, die Pinienkerne und den Zucker darüberstreuen, in den kalten Ofen schieben, 2½ Std. auf 150° C backen, im Ofen erkalten lassen.

Brot und Gesundheit

— Da gibt es jenes Urgroßmutter-Rezept zur Krankheitsdiagnose: man trocknet mit einem Stück Brot den Schweiß von der Stirn eines Kranken. Frißt ein Hund dieses Brot, so ist die Krankheit gutartig.

— Der Pro-Kopf-Verzehr von Brot geht jedes Jahr zurück – möglicherweise wegen der Ansicht, Brot mache dick. Gleichzeitig steigt aber die Zahl der Fettleibigen immer mehr – womit also diese Ansicht schlagkräftig widerlegt wäre.

— Sauerteigbrot bleibt länger im Magen als Hefeteigbrot. Das heißt also, daß durch ersteres Hungergefühle vermindert werden (Fettleibige, laßt uns Sauerteigbrot essen!)

Was war zuerst: Das Huhn oder das Ei

Zu Zeiten, als die Hausfrauen noch frisch geschlachtete Hühner bekamen, mußten sie die Frische des Fleisches mit einigen Unannehmlichkeiten bezahlen: die Hühner mußten gerupft und ausgenommen werden. Kopf und Füße mußte man entfernen. Wenn am Samstag meine Cousine Elsa kam, auf dem Weg zum Markt, machte sie zuerst bei meiner Mutter Station, erstens um Kaffee zu trinken, und zweitens, um meiner Mutter das Mitgebrachte: frische Butter, Käsle, Eier, Speck anzubieten, wohl auch um gelegentlich der Mutter «Metzelsuppe» und die «Metzgede», also frische Blut- und Leberwürste als Gruß von daheim mitzubringen. Da war gelegentlich auch ein frisch geschlachtetes Huhn dabei. Alles in einem großen Henkelkorb, über den ein rot-weiß-kariertes Tuch gebreitet war. Dann hat meine Mutter sich hinters Haus gesetzt und das Huhn gerupft. Das gerupfte Huhn wurde über der Flamme des Gasherdes abgesengt, der Flaum verbrannte, und es stank fürchterlich. Der Kopf wurde abgehackt und die gelben Füße, und dann kam der Moment, auf den ich die ganze Zeit gewartet hatte: die Mutter öffnete mit einem scharfen Messer das Huhn und entnahm ihm die Eingeweide. Ich versichere Ihnen, alles, was ich heute über Anatomie weiß, hat seinen Ursprung bei diesen Gelegenheiten. Und eine Mutter, die niemals ein Huhn ausnimmt und dabei die einzelnen Organe erklärt, nimmt ihrem Kind eine Bildungsmöglichkeit, die einfach durch gar nichts wettgemacht wird. Kein noch so farbiges Anschauungsbild ersetzt die Realität der Organe. Wenn Darm, Magen, Leber, Nieren, Galle, Herz entfernt waren, dann wurden plötzlich im Huhn die Eierstöcke sichtbar, in denen Eier unterschiedlicher Größe zu sehen waren. Das gab Mutter Gelegenheit, erste Schritte einer sexuellen Aufklärung zu machen. Und mir, mich über das Geheimnis des Eies zu wundern, ein Geheimnis, über das sich seit allen Zeiten Menschen Gedanken gemacht haben. Wie kommt es, daß aus dem Ei ein Hühnchen wird? Und wenn in dem Ei ein Hühnchen schlummert, dann schlummert in dem Hühnchen wieder ein Ei und in dem Ei ein Hühnchen und in dem Hühnchen ein Ei?
Sagen Sie nicht, da liege ein Denkfehler. So hat das Mittelalter gedacht. Vor unserem biologischen Wissen ist es zwar falsch, aber tatsächlich ist es doch so, von den Möglichkeiten her. Da liegt so ein Ei, Mathematiker sagen, mit einer idealen Form, durch die die Natur mit einem Minimum an Kalk ein Maximum an Schutz für den Keim und seinen Eiweißvorrat zum Aufbau des Hühnchens geschaffen hat. Es ist scheinbar tot, und doch wird es unter bestimmten Umständen sich öffnen und ein neues Lebewesen entlassen. Aber wenn man an den Anfang denkt, da kommt man an die berühmte Frage, was wohl zuerst war. Das Huhn oder das Ei. Es ist so schwer zu begreifen, daß diese Frage sinnlos ist. Unser ganzes Denken ist darauf angelegt, so zu fragen, und wir verstehen nur mühsam, daß es sinnlos ist, von einem Huhn und von einem Ei zu sprechen, weil es einen Strom des Lebens gibt, der sich ständig verändert, der begonnen hat irgendwo bei einfachsten Lebensformen und der sich immer entwickelt, aber in Zeiten, die unser kurzes Menschenleben eben nicht übersieht, so daß uns

Hühner immer wie Hühner erscheinen, aber nicht als eine Form des Lebens, die von einer anderen Form kommt und zu einer anderen Form geht.

Zu allen Zeiten waren die Menschen vom Geheimnis des Eis fasziniert und von der Frage nach dem Anfang; und eine ganze Reihe von Völkern, die Griechen zum Beispiel und die Ägypter, haben sich die Antwort gegeben, daß ein Ei am Anfang der Welt stand. Aus einem Ei kam in Ägypten der Gott, der alles schuf und aus dem zwei Hälften eines Eies wurden: Himmel und Erde. So war in Ägypten das Ei auch das Symbol für das Weiterleben nach dem Tode, und den innersten Sarg, in dem die Mumie lag, nannten die Ägypter das Ei. Und so ist das Ei auch im Christentum zu einem Symbol für die Hoffnung auf Auferstehung geworden. Aus dem scheinbar toten Ei kommt quicklebendig das Hühnchen hervor. So steht Christus aus dem Grabe auf, so werden die Christen in einer neuen Welt leben. Das ist der Sinn der Ostereier, die zum Beispiel in Griechenland grundsätzlich rot, mit der Farbe des Lebens, des Blutes, angemalt werden. Auf dem Heiligen Berg gibt es keine Hühner. Hühner sind weibliche Tiere. Nichts Weibliches darf auf den Heiligen Berg. Darum gibt es auch keine Eier, und die Mönche essen auch keine. Nur an Ostern. Wenn man in der Karwoche mit dem Schiff von Ouranoupolis nach Daphni fährt, wo man die Mönchsrepublik betritt, dann ist das ganze Schiff voll mit Eiern, in Körben und Schachteln, angemalt und frisch. Und wenn am Ostermorgen, bei Tagesanbruch, der Gottesdienst, der um Mitternacht begonnen hat, zu Ende ist und die Mönche aus der Katholikon genannten Hauptkirche herüberkommen in den Speisesaal, dann gibt es rotgefärbte Eier in Hülle und Fülle, und die ernsten Mönche spielen das heitere Spiel des «Eerditschens». Man schlägt sein Ei gegen das eines anderen und ist stolz, wenn das eigene Ei ganz bleibt und das des anderen zerbricht. «Christos anesti», sagen sie dazu, «Christus ist auferstanden» und der andere entgegnet:

«Christus ist in Wahrheit auferstanden».

Die Schale ist zerbrochen, das Eßbare des Eis kommt heraus.

Wenn die Cousine Elsa am Karsamstagmorgen mit ihrem Korb kam, dann brachte sie regelmäßig für die Mutter auch ein am Karfreitag gelegtes Ei mit. Dieses Karfreitagsei hat die Mutter an einem besonderen Ort das ganze Jahr über aufgehoben. «Es wird nicht schlecht», hat Mutter immer gesagt, «es trocknet nur einfach ein. Aber es schützt unser Haus vor dem Blitz.» Ich glaube aber, daß Mutter die Karfreitagseier auch gegessen hat bzw. dem Vater, als er noch lebte, und mir zum Essen gegeben hat, vermutlich, ohne daß es wir wußten. So ein Karfreitagsei vermittelt mehr als jedes andere Ei im Frühling Kraft und Gesundheit. Mein Vater, dessen Herz nicht so recht intakt war, konnte derlei Lebenskraft schon brauchen. Auch ich war in meiner Kindheit ewig krank. Aber die schönste Beschäftigung mit Eiern ist das Suchen der Ostereier.

Meine Eltern wohnten bei einer der Schwestern meiner Mutter und ihrem Mann zur Miete. Um das Haus herum gab es einen großen Garten: Einen Ziergarten vor dem Haus mit Rasen und Blumenrabatten und auf den anderen Seiten des Hauses Obstbäume, mit Beeten, Sträuchern, ein paar Rasenflächen, Tannen, Birke. Die erste Runde des Eiersuchens vollzog sich im Ziergarten vor dem Haus. Es war der «Osterhase» meiner Eltern. Ich wurde mit einem kleinen grünen Körble ausgestattet und suchte unter Rosenbüschen, Rhododendron, Azaleen, Hortensien. Nach den von Mutter am Samstag bemalten Ostereiern, nach Schokoladeeiern und kleinen Zuckereiern, bunt und einfach nur süß, und dem, was ich bis heute über alles liebe, den Gelee-Eiern und jenen Zuckerprodukten,

45

die wie «Ochsenaugen» ausschauen, unten mit Schokolade bestrichen sind und deren Eidotter so kolossal gelb ist.

Einmal fand ich hinter einem Busch einen grasgrünen hölzernen Schubkarren. Von seiner Größe her genau richtig für mich, mit einer kleinen Schaufel und einem kleinen Rechen. Er gehört mitsamt der Freude, die ich damals hatte, zum unvergeßlichen Bestand meiner Kindheit. Nie hat mir jemand noch einmal so etwas geschenkt wie diesen Schubkarren, mit Ausnahme eines Tankwagens für meine Eisenbahn, den ich einmal zu Weihnachten bekam. Die zweite Runde des Ostereiersuchens vollzog sich im Obstgarten meines Onkels, der zugleich mein Pate war. Der Osterhase des Götti war ein etwas reicherer Osterhase. Onkel Otto und Tante Rosa (in diesem Buch ist noch von einer anderen Tante Rosa die Rede. Dabei dürfen Sie sich nichts denken. In unserer Familie gab es zu Zeiten fünf Rosas, fast genau so viele wie Maries!) hatten keine Kinder und waren auch sonst als freie Unternehmer wohlhabend – mein Onkel Otto war der bedeutende Erfinder einer sogenannten Sparfeuerung («Sie sparen garantiert 20 % Heizmaterial!») und verdiente in der Zeit vor dem Krieg mit diesem Zeug nicht schlecht. Er baute regelmäßig seinen Fotoapparat auf, d. h. zunächst wurde ein Stativ aufgestellt, die Kamera darauf verschraubt, dann wurde der vordere Deckel geöffnet, das Objektiv mit seiner schwarzen Ziehharmonika entfaltet, dann verschwand Onkel Otto unter einem schwarzen Tuch, dort beurteilte er das auf dem Kopf stehende, auf eine Mattscheibe projizierte Bild von mir, wie ich in gänzlich natürlicher Weise gerade in diesem Augenblick ein Ei finde («so jetzt bitte nicht mehr bewegen! Nein, noch etwas mehr nach links, nein nicht so!»), dann wurde das schwarze Tuch entfernt, eine Kassette mit einer Fotoplatte eingeschoben, dann wurde ein Deckel hochgezogen und dann hatte ich mich wieder bewegt. Onkel Otto mußte den Deckel wieder runterschieben, die Kassette herausnehmen, die Mattscheibe wieder einführen, wieder unter dem schwarzen Tuch verschwinden, ich wieder ganz natürlich und locker das Ei finden, und das alles beliebig oft, bis dann das Foto gemacht war. Aber immerhin, auf diese Weise besitze ich ein Bild von mir, wie ich mit etwa fünf Jahren breitgrinsend Ostereier in meinen Schubkarren lade. Vielleicht verdanke ich auch mein heutiges Geschick, mich von den Kameras im Studio nicht weiter stören zu lassen, dem Onkel Otto und seiner Plattenkamera, Gott habe ihn selig, die Kamera besitze ich noch.

Heute versteckt niemand mehr für mich Eier. Dabei suche ich so gerne. Zugegebenermaßen suche ich tagaus tagein, allerdings keine Ostereier, sondern meinen Autoschlüssel, einen Kugelschreiber, einen dringenden Brief, den Terminkalender, und das ganze Büro ist ständig damit beschäftigt, mir beim Suchen zu helfen.

Aber für Ostern habe ich etwas anderes. Meine zwei längst erwachsenen Töchter haben die Leidenschaft für das Ostereiersuchen offenbar von mir geerbt. Und so verstecke ich halt am Ostermorgen im Garten oder, wenn es regnet, im Haus die Ostereier für meine Familie. Meistens ist noch eine unverheiratete Schwester meiner Frau zu Besuch, so daß lirumlarum über 100 Eier zu suchen sind. Und jetzt stellen Sie sich vor, wie ich dieses Zeug eine Stunde lang im ganzen Haus verteile, und zwar mit viel Phantasie und tückischer Raffinesse. Und natürlich stellen Sie sich vor, daß nicht mehr alle gefunden werden. Das schafft das ganze Jahr über der ganzen Familie die Freude, gelegentlich unversehens auf ein Osterei zu stoßen.

Zu den Freuden des Frühstücks gehört für mich ein weiches Ei. Und selbst in den Zeiten, als der Onkel Doktor mich hart fasten ließ (600 kcal), blieb mir das Frühstücksei vergönnt. Ich bin sicher, daß

Sie sich wundern wegen Cholesterin und so, aber wenn der Körper gesund ist und nicht zu viel Cholesterin produziert, dann macht das Frühstücksei überhaupt nichts aus, habe ich mich belehren lassen. Im Salatkapitel, im Abschnitt über das Öl (Seite 105) finden Sie Ausführliches zu diesem Thema. Aber vielleicht, vor allem, wenn Sie ein bestimmtes Lebensalter überschritten haben, sollten Sie einmal untersuchen lassen, wie es mit dem Cholesterin in Ihrem Körper steht, vielleicht auch nur, damit Sie Ihr Frühstücksei weiter genießen können. Denn ich weiß von Freunden, die völlig darauf verzichten, weil sie meinen, ein tägliches Frühstücksei sei gesundheitsschädlich.

Eine Geschichte muß ich Ihnen noch im Zusammenhang mit dem Ei erzählen. Diese Geschichte hat zwar die Kathrin schon einmal in einem ihrer Bücher erzählt, aber aus begreiflichen Gründen ein klein wenig anders als ich.

Was ich schon immer einmal sehen wollte, war der Augenblick, wenn die kleinen Hühnchen aus dem Ei kommen. Nun gehört es zu den Vorteilen eines Fernsehmachers, wenn er etwas partout sehen will, dann produziert er einen Film darüber. Das ist sozusagen professionell. Also bestellte ich den Eugen, Freund und Kameramann, der einfach alles weiß und kann, nach Gerra zur Kathrin, die in den bewußten Tagen gerade kleine Hühnchen erwartete, d.h. nicht eigentlich sie, sondern ein brütendes Huhn. Eugen kam an, wurde mit dem Nest und den Eiern konfrontiert, Kathrin und ich gingen zum Abendessen, Eugen kam etwas später. Er sagte, er habe die Scheinwerfer noch richtig aufgestellt, so daß man das freudige Ereignis auch angemessen aufnehmen könnte. Auf die besorgte Frage von Kathrin, ob die Glucke auch noch auf den Eiern sitze, versicherte Eugen, es sei alles in bester Ordnung, der Vogel sei zwar einen Moment erschrocken, als der eine Scheinwerfer umgefallen sei, aber er sei sofort wieder auf das Nest zurückgekehrt, und er, Eugen, habe jetzt auf alle Fälle mal die Scheinwerfer brennen lassen, damit das Vieh sich beim plötzlich Einschalten nicht erschreckt. Wir warteten auf die Hühnchen bis zum Schlafengehen. Am anderen Morgen sausten Eugen und ich voller Angst in den Stall, die Hühnchen könnten in der Nacht geschlüpft sein. Sie waren es nicht. Wir warteten einen Tag, am zweiten Tag sagte Kathrin, jetzt sei aber höchste Zeit. Dann beschloß sie, einmal ein Ei auszupendeln, ob auch alles in Ordnung sei. Mit Hilfe von Eugens Ehering und einem ihrer langen Haare stellte sie befriedigt fest, es sei Leben in dem Ei und sie habe sich – das gibt's ja bekanntlich und nicht nur bei Hühnchen – wahrscheinlich verrechnet. Ein weiterer Tag ging ins Verzascatal. Noch einer und noch einer. Jeden Tag pendelte Kathrin und das Pendel stellte jeden Tag fest: Leben in den Eiern. Am vierten Tag kam beim Pendeln das Ei («es ist lebendig, es ist lebendig!») ins Rollen, fiel auf die Erde und zerbrach. Es stank fürchterlich, das Hühnchen war keinesfalls lebendig, das nicht und keines von den anderen. Die brennenden Scheinwerfer des ersten Abends hatten das arme Huhn erschreckt. Es hatte das Nest verlassen und die Hühnchen starben.

Daraus habe ich dreierlei gelernt:
1. Kameramänner können nicht alles
2. Pendeln muß man können
3. Vertrauen ist gut, Kontrolle ist besser.

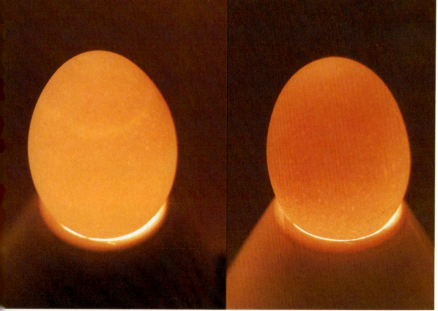

Die Großmutter wußte:

— *Wie man prüft, ob ein Ei frisch ist:*
Ei ins Wasser legen. Frische Eier sinken unter. Je älter sie sind, desto mehr schwimmen sie an der Oberfläche. Grund: die Luftblase, die sich am stumpfen Ende des Eies befindet, vergrößert sich.
Man kann Eier auch durchleuchten, um den Grad der Frischheit zu prüfen: ein beinahe eigroßes Loch in einen Karton schneiden, diesen Karton in einem dunklen Raum auf eine Lampe legen, das Ei auf das Loch im Karton. Ganz frische Eier lassen das Licht milchweiß durchschimmern, schon nach einem Tag formen sich winzige Pünktchen, die heller sind als die übrige Eischale. Je älter das Ei ist, desto ausgeprägter sind diese Tupfen. Die Luftblase vergrößert sich täglich. Wenn man das aufgeschlagene Ei auf einen Teller gleiten läßt: frisch = Eigelb liegt in der Mitte des Eiweißes, 1 Woche alt: Eigelb liegt am Rand. Je älter Eier sind, desto wäßriger wird das Eiweiß.

— *Wie man Eier schonend kocht:*
In viel kaltem Wasser aufsetzen, zum Siedepunkt bringen, wegstellen: vier Minuten für weiche Eier, mindestens 10 Minuten für harte Eier, zugedeckt stehen lassen. Vorteile dieser Methode: die Eischale springt weniger — besonders wichtig, wenn Sie die Eier im Kühlschrank aufbewahren. Die Vitamine werden mehr geschont. Beim hartgekochten Ei verfärbt sich der Dotter nicht. Springt das Ei trotzdem, etwas Essig ins Wasser gießen oder das Ei in Alufolie einpacken.
Gibt man kalte Eier in kochendes Wasser, so springen sie. Ein Schuß Essig im Kochwasser verhindert das Auslaufen des Eis. Das Springen kann auch durch das Einstechen des Eis verhindert werden.

— *Wie man prüft, ob ein Ei roh oder gekocht ist:*
Man dreht es wie einen Kreisel. Ein gekochtes Ei tanzt wie dieses Spielzeug. Ein rohes Ei bleibt nach zwei Umdrehungen schon liegen. Schimpfen Sie nicht, wenn ein gekochtes, abgeschrecktes Ei sich nicht gut schälen läßt. Dann ist es nämlich einfach noch ganz frisch!
— wie man beim Verwenden mehrerer ganzer Eier vorgeht: Man schlägt sie zuerst einzeln in ein Schüsselchen auf. Falls ein Ei verdorben wäre, kann man es rechtzeitig entfernen.

— *Wie man Eigelb und Eiweiß trennt:*
Man schlägt das Ei in der Mitte auf und läßt das Eiweiß in eine Schüssel fließen, indem man das Eigelb von einer Eischalenhälfte in die andere gleiten läßt. Dann wischt man das noch in der Schale verbliebene Eiweiß mit dem Finger aus. Andere Methode: das Ei aufschlagen, auf die Hand gleiten lassen. Das Eiweiß fließt durch die Finger, das Eigelb bleibt zurück.

— *Wie man Eier aufbewahrt:*
Auf die Spitze gestellt im Keller. Im Kühlschrank, wenn möglich im geschlossenen Eierfach und nicht neben stark riechenden Speisen. Eier nehmen Gerüche auf.

— *Wie man Eigelb aufbewahrt:*
Indem man den Dotter, mit Wasser bedeckt, in den Kühlschrank stellt.

— *Wie man mit hartgekochten Eiern umgeht:*
Hartgekochte Eier sofort ins kalte Wasser legen. Sie lassen sich dann besser schälen. (Bei ganz frischen Eiern nützt allerdings dieser Trick nichts). Hartgekochte Eier sind leichter verdaulich, wenn man etwas Saures dazu ißt.
Will man hartgekochte Eier zerschneiden, muß man sie erst ganz erkalten lassen.

Die Schleifspuren des linken Eies zeigen es: Es hat sich gedreht wie ein Kreisel, war also hart gekocht. Das rechte rohe Ei blieb nach zwei Umdrehungen liegen.

— *Wie man Eiweiß rasch zu steifem Schnee schlägt:*
Gefäß und Schneebesen müssen ganz fettfrei sein. Im Eiweiß dürfen keine Spuren von Eigelb sein. Man gibt pro Eiweiß eine Prise Salz und einen KL voll Wasser zu, bevor man zu schlagen beginnt. Wenn das Eiweiß kalt ist, wird es schneller steif. Eiweiß, bei Zimmertemperatur geschlagen, läßt Soufflés schöner aufgehen.

— *Wie man süßen Eierschnee herstellt*
(für Meringues, Schneeballen, Makronen):
Das Eiweiß mit Salz und Wasser leicht schaumig schlagen, etwas Zucker (oder Puderzucker) beifügen, weiter schlagen, wenn man ein elektrisches Rührgerät verwendet, nicht höher als mittlere Drehzahl, Zucker nach und nach zugeben. Die Eierschneemasse muß schließlich weiß glänzend und schnittfest sein.
— Daß Eizusatz *Hefeteig* trocken macht.
— Daß *mit Eigelb bepinselte Backwaren* schön braun und knusprig werden.
— Daß getrocknete, fein zerstampfte *Eierschalen* ein hervorragendes Düngemittel für Rosen und alle Gurkengewächse sind.

Zaubern mit Eiern

Wie mancher Zauberer zeigt Eiertricks, zieht Eier aus vorher leeren Hüten, aus dem Ohr eines harmlosen Zuschauers, läßt sie aus Ärmeln rollen ...
Wenn ich mir aber überlege, wieviel sich erst in der Küche mit Eiern zaubern läßt: Fleischbrühe klären, Speisen lockerer machen, Saucen, Suppen und Desserts binden, beim Backen den Teig treiben, den Geschmack verfeinern, Speisen färben, dekorieren ... Das Ei spielt beim Menuplan genau so gerne die Haupt- wie die Nebenrolle – und das bei süßen, salzigen und ganz pikanten Speisen – zudem enthält es erst noch einen der billigsten wertvollsten Nährstoffe. In einem Hühnerei ist alles, was der Mensch zum Leben braucht. Eier sind immer hygienisch verpackt. (Karl May-Leser wissen es: Old Shatterhand, (oder war es Kara Ben Nemsi?) ließ sich an Orten, wo ihn alle Speisen ekelten, nichts als weichgekochte Eier geben, damit er seinen Magen nicht verdarb).

Rezepte mit Eiern

Eigelb
Der Umgang mit Eigelb will gelernt sein.
Will man warme Saucen mit Eigelb binden, beachte man folgende Punkte:
Die benötigte Menge Eigelb in einer relativ großen Schüssel verquirlen, die zu bindende, kochende Flüssigkeit schöpfkellenweise zum Eigelb geben, gut verrühren, alles in den Kochtopf zurückgeben und unter stetem Rühren mit dem Schwingbesen aufkochen. Würde man umgekehrt verfahren, so würde das Eigelb gerinnen, ohne die Flüssigkeit zu binden.

Großmutters Vanillesauce oder -Pudding

Vanillesauce
   6 dl Milch
   2 EL Zucker
   1 EL Maisstärke (für Pudding 3 EL)
      3 Eigelb
      1 Vanillestengel, der Länge nach aufgeschnitten

4 dl Milch, den Zucker und die Vanilleschote aufkochen. Die Maisstärke in eine Teigschüssel geben, die restliche Milch, dann die Eigelb darunterrühren. Die Vanillemilch in einigen Portionen dazuschütten, jedesmal wieder gut umrühren. Alles in den Kochtopf zurückgeben und unter stetem Rühren mit dem Schwingbesen aufkochen. Vorsicht: die Sauce brennt gerne an. Sauce unter gelegentlichem Rühren kaltwerden lassen.
Will man Vanillepudding machen, nimmt man 3 EL Maisstärke.

Mayonnaise
Sie selbst herzustellen, ist einfach, wenn man darauf achtet, daß alle verwendeten Zutaten Zimmertemperatur haben.

>   *1 Eigelb, eventuell 1 Eiweiß steif*
>   *geschlagen*
> *1 KL Senf*
> *1 – 2 dl Sonnenblumen- oder Olivenöl*
> *1 KL Weinessig oder Zitronensaft*
>   *Salz, Pfeffer, ev. Cayennepfeffer*

Das Eigelb mit dem Senf verrühren. Das Öl tropfenweise zugeben, dabei die Masse ständig mit einem Kaffeelöffel schlagen (das geht besser, als mit dem Schwingbesen zu rühren). Wenn sich die Quantität verdoppelt hat, kann die Ölzugabe kaffeelöffelweise erfolgen.
Mit einem Eigelb kann man bis zu 3 dl Mayonnaise machen. Ist die gewünschte Quantität erreicht, gibt man den Essig und die Gewürze bei. Nochmals gut umrühren.
Wenn man das geschlagene Eiweiß unter die fertige Mayonnaise zieht, wird diese wesentlich kalorienärmer. In diesem Fall stärker würzen!

Falsche Mayonnaise

    1 Eigelb
150 g Rahmquark
4 EL Milch
      Salz, Pfeffer, ev. Cayennepfeffer, Würze

alle Zutaten gut miteinander vermengen, kühl stellen.

Soleier

    1 l Wasser
  2 EL Salz
    1 Handvoll Zwiebelschalen
1 EL Thymian getrocknet
    1 gepreßte Knoblauchzehe
  12 frische Eier

Wasser und Gewürze 15 Minuten kochen, erkalten lassen, abseihen.
Die Eier in Wasser während 10 Minuten kochen, abschrecken, erkalten lassen, ringsum mit einem Löffel anschlagen, daß die Schale splittert, in ein enges Glas legen, den Sud darübergießen, 3 Tage ziehen lassen. Am besten schmeckt Roggenbrot dazu.

Eiweiß

Falls man das Eiweiß nicht sofort verwenden will: mit Vorteil am Vorratsgefäß vermerken, wieviele Eiweiß es enthält. Es gibt viele Backrezepte, die mißlingen, wenn die Zahl der Eiweiße nicht stimmt. Eiweiß läßt sich (zugedeckt, sonst trocknet es ein) eine Woche lang im Kühlschrank aufbewahren.
Mit Eiweiß zu backen, braucht etwas Fingerspitzengefühl.
Soufflés dürfen niemals in den kalten Ofen gestellt werden. Am besten gelingen sie in Öfen mit Thermostat, wenn die Hitze von 175° erreicht ist.
Bäckt man Meringues oder Makronen (Eiweißverwertung), so gibt man das Backgut auf ein gefettetes Pergamentpapier oder auf ein Backpapier.
Geschlagenes Eiweiß gibt man immer in die übrigen Zutaten, niemals umgekehrt, weil sonst die ins Eiweiß geschlagene Luft wieder entweichen kann. Aus dem gleichen Grund verwendet man zum Unterheben des Eiweißes einen Kochlöffel und niemals den Schneebesen.

Thunfischmousse

1 EL frische Butter
1 EL Weißmehl
2½ dl Hühnerbrühe
Saft und Schale einer halben Zitrone
Salz, Pfeffer, Cayennepfeffer
1 EL Kapern
1 mittlere Dose Thunfisch, abgetropft (ca. 150 g), möglichst gut zerkleinert (Mörser, Mixer)
6 Eiweiß mit 6 KL Wasser und einer Prise Salz steif geschlagen

Die Butter schmelzen, das Weißmehl darunterrühren, 2 Min. köcheln, die heiße Hühnerbrühe dazugeben, gut rühren, eindicken lassen, Zitrone, Gewürz und Kapern beifügen.
Kräftig würzen, denn durch das Eiweiß wird die Speise ja viel voluminöser. Den Thunfisch dazugeben, das Eiweiß unterheben, in die leicht eingefettete Auflaufform schütten, im auf 175° vorgeheizten Ofen 30 Minuten backen. Warm oder kalt (dann in Schnittchen geschnitten) zu Salat servieren. Tomaten- oder Zwiebelsauce paßt dazu.

Amaretti

300 g Mandeln, geschält, getrocknet, gemahlen
300 g Zucker
einige Tropfen Bittermandelöl
3 Eiweiß mit 3 KL Wasser und einer Prise Salz steif geschlagen

Mandeln schält man, indem man sie mit kochendem Wasser übergießt und 10 Minuten stehen läßt. Zum Trocknen gibt man sie auf einem Backblech 1 Std. in den auf 50° erwärmten Backofen.
Man reibt sie, mischt sie gut mit dem Zucker, gibt das Bittermandelöl bei, je nach Geschmack mehr oder weniger. Dann hebt man das Eiweiß sorgfältig unter die Mischung und gibt kaffeelöffelgroße Häufchen auf das mit Backpapier ausgelegte Kuchenblech. Im auf 150° vorgeheizten Ofen ½ Std. backen. Sie sollen ganz leicht angebräunt sein. Herausnehmen, auf beiden Seiten mit Daumen und Zeigfinger eindrücken. Sie sollen krakeliert werden.

Eierpilze

6 Eier, hartgekocht, geschält
3 Tomaten, möglichst gleich groß, halbiert
einige Cornichons, rote und gelbe Peperoni, in Essig eingelegt
einige Zweiglein Petersilie
2 dl Mayonnaise (siehe Seite 51)

Eine flache Palette mit einer dünnen Schicht Mayonnaise bestreichen, den runden Teil der Eier so wegschneiden, daß die Eier auf der Platte verteilt werden können, die Petersilie gleichmäßig verteilen, die Essigfrüchte dem Rand entlang legen, die Tomatenhälften von Saft und Kernen befreit auf die Eierspitzen setzen, mit dem Spritzsack Mayonnaisetüpfchen auf den «Pilzhützen» anbringen. Kaltstellen.

Schönheitspflege mit Eiern

Gesichtsmasken

gegen trockene Haut:
1 Eigelb
½ geraffelter Apfel
1 KL Mandel- oder Olivenöl
1 Eigelb
1 KL Gerstenmehl
1 KL Weizenkeimöl

Zur Straffung von fetter und trockener Haut:
1 Eiweiß, leicht geschlagen,
1 KL frischer Rahm

gegen fette Haut:
1 große Erdbeere, fein zerdrückt
1 Eiweiß, leicht geschlagen
5 Tropfen Glycerin

Nährmaske
1 Eigelb
1 KL Honig
1 KL Zitronensaft
1 EL Weizenkeimöl

bei **Sonnenbrand,** allgemeinen Verbrennungen:
1 Eiweiß leicht geschlagen

Haarpackungen

strapaziertes Haar:
1 Eigelb 10 Min. wirken lassen

Haarspliß:
1 Eigelb
1 EL Olivenöl 1 Std. wirken lassen

trockene Haare:
1 Eigelb
1 Tasse Salbeitee aus 1 EL getrockneten
            Salbeiblättern, 10 Min. ziehen lassen
1 Prise Salz,
20 Min. wirken lassen

Man wäscht die Haare einmal mit einem milden Shampoo, trägt die Haarpackung auf und umhüllt die Haare mit einem Frottiertuch. Die entstehende Wärme verstärkt die Wirkung der Packung. Dann wäscht man die Haare ein zweites Mal mit Shampoo, spült zuerst klar und zum Schluß mit einem Glas lauwarmem Wasser, dem man 1 EL Zitronensaft beigefügt hat.

Der wahre Schatz der Indios: Die Kartoffel

Als Kolumbus auszog, den Seeweg nach Indien zu finden, da ging es darum, die Versorgung Europas mit Gewürzen zu sichern. Als die Spanier und Portugiesen nach Kolumbus in die Neue Welt reisten, da reisten sie auf der Suche nach dem sagenhaften Land Eldorado, dem Goldland mit seinen Schätzen. Natürlich haben die Spanier eine Menge Gold zusammengestohlen und den armen Indios abgepreßt. Den wirklichen Schatz aber, den sie nach Europa brachten, den haben sie überhaupt nicht erkannt. Es waren 2 Pflanzen, die sie für Zierpflanzen hielten und auch noch für giftig: die Kartoffel und die Tomate.

Durch die Kartoffel wurde es möglich, im Europa der Massenbevölkerung Hungersnöte zu vermeiden. Vielleicht ist es die größte Tat des Königs Friedrich II. von Preußen, den sie den Großen nennen, daß er seine Bauern gezwungen hat, Kartoffeln anzubauen. Kartoffeln haben die Menschen über die großen Nöte dieses Jahrhunderts, die zwei verbrecherischen Weltkriege, hinweggebracht. Heutzutage spielt die Kartoffel in der Ernährung keine so große Rolle mehr, weil man sie völlig zu Unrecht für einen Dickmacher hält. Dabei enthält die Kartoffel keinerlei Fett, dafür pflanzliches Eiweiß und Kohlenhydrate, sie hat nur 68 kcal auf 100 g, aber eine ganze Menge Mineralstoffe und Vitamine. Vor allem Vitamin C, das leider durch das Kochen zum Teil zerstört wird (am besten Pellkartoffeln essen!).

Wichtig in den Kartoffeln sind aber auch Kalium und Magnesium, zwei Mineralstoffe, die in unserer modernen Ernährung zu wenig enthalten sind und deren Fehlen an manchen Krankheitserscheinungen schuld ist. Für den Ernährungswissenschaftler gilt die Kartoffel – und das wird viele Leser wundern – als eine der wertvollsten Eiweißquellen. Der Eiweißgehalt ist mit 2 % zwar gering, aber es gibt ernährungsphysiologisch betrachtet, ein eigenartiges Phänomen: Kartoffeln ergänzen das Milch-, Ei- und Fischeiweiß, wenn man gemischte Gerichte macht, derart, daß der Nährwert der genannten tierischen Eiweiße erheblich steigt. So nimmt man an, daß ein Ei einen Eiweißwert für den Körper mit der Zahl 100 hat. Ißt man Ei mit Kartoffeln, also das berühmte Bauernfrühstück, dann hat das Ganze einen Wert von 134, d. h. es sättigt erheblich besser, es liefert dem Körper erheblich mehr wertvolles Eiweiß als Ei für sich und Kartoffeln für sich. Das macht den Wert zum Beispiel des Kartoffelbreis aus (natürlich auch seine Problematik, wenn man auf die Linie achten muß).

Meine Mutter hatte einen Schrebergarten mit einem kleinen Häuschen, 3 Pfirsichbäumen und ein paar Johannisbeersträuchern. Er lag am Stadtrand von Freiburg, ein Bach floß daran vorbei, in den ich von Zeit zu Zeit immer wieder fiel, kurz, es war ein kleines Paradies. Sie pflanzte immer auch ein großes Beet mit Frühkartoffeln. «Die anderen lohnen sich nicht», pflegte Mutter zu sagen. Ich habe als kleiner Bub zugeschaut und später geholfen, mit der «Haue» die Setzlöcher für die Kartoffeln zu machen, schön gleichmäßig gegeneinander versetzt, so daß es diagonale Reihen gab über das Feld, ich habe die Saatkartoffeln in die Löcher gelegt, Mutter hat sie wieder zugemacht und das Feld eingeebnet. In den schlechtesten Zeiten nach dem Krieg hat Mutter keine ganzen Kartoffeln mehr gelegt, sondern nur noch Stücke mit «Augen», und sie hat gesagt, «Der liebe Gott wird auch das wachsen lassen». Wir haben die Saatkartoffeln gegessen und die Kartoffeln sind auch so aufgegangen und haben getragen. Mutter hat die Kartoffeln gehäufelt. Dann mußte man beginnen, gegen die Kartoffelkäfer zu kämpfen, deren Larven rot und häßlich die Kartoffelblätter fraßen, und schließlich war der Zeitpunkt gekommen, wo man die ersten Kartoffeln ernten konnte. Mutter zog am Kartoffelkraut, das welk ist und gelb, wenn die Kartoffeln geerntet werden können. An den Wurzeln hingen die Knollen – die Kartoffeln sind ja keine Früchte, sondern Verdickungen der Wurzeln – und dann wurden mit der Haue die restlichen frischen Kartoffeln aus der Erde geholt und aufgelesen. Meine Mutter hatte ein kleines Leiterwägele, das sie im Sommer immer mit in den Garten nahm. Ich habe an anderem Ort schon davon erzählt. Am Abend fuhren wir dann mit dem Leiterwägele wieder heim, und auf dem Leiterwägele stand eine Zaine, ein Korb, mit den leuchtend gelben neuen Kartoffeln, im Bach frisch gewaschen. Frisch geernteter Salat war dabei und junge Erbsen und Karotten, was es halt so um die Zeit gibt, wenn man Frühkartoffeln ernten kann.

Ich könnte ein Loblied auf die frisch geernteten Kartoffeln singen. Wer das nie gegessen hat, der weiß überhaupt nicht, wie Kartoffeln schmecken: Entweder kurz gekocht oder mitsamt der Schale, sie ist ja hauchdünn, in Butter gedämpft. Jungen Salat machte Mutter dazu, Erbsen und Karotten, Fleisch gab es nicht nach dem Krieg, und als es Fleisch wieder gab, konnten wir uns keines leisten. Aber ich habe nie etwas entbehrt. Was ist schon Fleisch, verglichen mit den Genüssen junger Kartoffeln, frisch geschnittenen Salats, jungen Gemüses?

Mutter sagte, man sollte die Kartoffeln möglichst am Gründonnerstag oder in der Karwoche, vor allem aber bei Vollmond legen. Dann mußte man aufpassen, daß das Legen nicht zur Stunde des Steinbocks – da lassen sie sich nicht weichkochen –, nicht zur Stunde des Krebses – da setzen sie keine Knollen an oder bleiben klein –, nicht zur Stunde des Fisches – da werden sie wäßrig und faulen –, nicht in der Jungfrau – da geht alle Kraft in die Blüte –, stattfindet, sondern in der Waage, da wiegen sie schwer, in den Zwillingen, da gibt es viel, im Löwen, da gibt es gleich «löwenmäßig» viel und vor allem im Widder, da bekommt man so viel, daß sie einem zuwider werden.

Wenn beim Legen der Kartoffeln dicke Wolken am Himmel sind, dann werden auch die Kartoffeln dick. Legt man beim Kartoffellegen ein rotes Band aufs Feld, haben die Kartoffeln Freude und werden schön mehlig. Mutter setzte sich nach dem Kartoffelpflanzen immer ein bißchen hin und sagte: «Ich muß ausruhen, damit die Kartoffeln mitausruhen, dann tragen sie reichlicher».

Wenn Mutter eine Warze entfernen wollte, dann hat sie eine halbe Kartoffel drüber gerieben und sie irgendwo hingeworfen, wo weder Sonne noch Mond hinschauen konnten.

In der Schweiz, so lese ich, gibt es eine wunderschöne Sage: Als die Kartoffel gebracht wurde, da wollten sie die Leute nicht haben und sie nur als Schweinefutter verwenden. Als das der liebe Gott sah, da wurde er zornig und wollte die Kartoffeln nur noch so wachsen lassen, daß sie wirklich nur als Schweinefutter taugten. Die Mutter Gottes aber, die die Nöte der Menschen kennt, ihre Armut und ihre Unfähigkeit, das zu erkennen, was sie wirklich brauchen, bat den lieben Gott, ihnen doch die Kartoffeln nicht wegzunehmen und ihnen Zeit zu lassen, die Kartoffeln als das zu erkennen, was sie wirklich sind: das wichtigste Grundnahrungsmittel. Da erbarmte sich Gott der dummen Menschen und ließ ihnen die Kartoffeln.

Die Großmutter wußte:

— Kartoffeln sollen kühl (4 – 5° C), dunkel und trocken *gelagert* werden. Feuchte Wärme (in die heutige Zeit übersetzt: Plastiksäcke) läßt sie schneller keimen.
— *Lagert* man Kartoffeln bei Temperaturen unter + 4° C, so können sie *süßlich werden.* Das verschwindet wieder, wenn man sie vor dem Verbrauch eine Woche lang in der Küche aufbewahrt.
— Kartoffeln wäscht man, bevor man sie schält, und spült sie nochmals kurz unter fließendem Wasser ab. Damit sie, einmal geschält, *nicht fleckig werden,* kann man sie in kaltes Wasser legen, muß sich aber bewußt sein, daß damit wertvolle Vitamine verloren gehen. Deshalb gibt man geschälte Kartoffeln besser so rasch wie möglich ins bereits siedende Wasser. Je weniger Wasser, desto besser. Außerdem bleiben sie so schnittfester.
— *Salzkartoffeln,* abgekühlt und wieder aufgewärmt, bekommen einen schalen Geschmack. Deshalb die Kochzeit so bemessen, daß sie sofort serviert werden können – oder warmhalten.
— *Gewaschene Kartoffeln* eignen sich nicht zur Lagerung.

Kleine Kartoffelkunde

— die gleichzeitig zeigt, wie vielfältig das Angebot an Kartoffelsorten ist.

Kochtyp A

Eine feste Kartoffel, die auch bei längerem Kochen nicht zerfällt (festkochend). Das Fleisch ist feucht, glatt, schnittfest und nicht mehlig. Der Stärkegehalt ist niedrig. Ideal für Kartoffelsalat, Salzkartoffeln, Pellkartoffeln (Gschwellti). Gut geeignet für Bratkartoffeln (roh), Kartoffelsuppe. Bedingt geeignet für: Rösti, Kartoffelgratin, Saucenkartoffeln. Nicht geeignet für Pommes frites, Kartoffelstock, Gerichte aus Kartoffelteig (Gnocchi, Knödel, Kartoffelbrot) Baked potatoes.
Deutschland: Erna, Forelle, Hansa, Linda, Nicola, Selma, Sieglinde
Schweiz: Nicola, Stella

Kochtyp B

Eine Kartoffel, deren Schale beim Kochen gerne aufspringt. Das Fleisch bleibt dabei jedoch im allgemeinen fest. Sie ist schwach mehlig und hat einen mäßigen bis mittleren Stärkegehalt.
Ideal für: Rösti, Bratkartoffeln
Gut geeignet für: Pellkartoffeln (Gschwellti), Salzkartoffeln, Kartoffelgratin, Saucenkartoffeln, Kartoffelsuppe, Kartoffelsalat.
Bedingt geeignet für Pommes frites, Kartoffelpüree, Gerichte aus Kartoffelteig, Baked potatoes.
Deutschland: Agnes, Amalia, Berber, Berolina, Birgit, Carola, Clarissa, Clivia, Corine, Dunja, Gloria, Grandiflora, Grata, Gusto, Hela, Ilse, Isna, Isola, Jessica, Maja, Margit, Palma, Pinki, Ronea, Ukama, Ulla, Wega
Schweiz: Bintje, Christa, Colmo, Ostara, Palma, Sirtema, Urgenta

Kochtyp C
Diese Kartoffel springt im allgemeinen beim Kochen stark auf. Ihr Fleisch ist mehlig, ziemlich trocken, grobkörnig und locker. Sie hat einen mittleren bis hohen Stärkegehalt. Ideal für: Kartoffelstock, Pommes frites, Gerichte aus Kartoffelteig (Gnocci, Knödel, Kartoffelbrot), Baked potatoes. Gut geeignet für: Kartoffelgratin, Saucenkartoffeln, Bratkartoffeln (roh), Kartoffelsuppe.
Bedingt geeignet für Rösti, Salzkartoffeln, Pellkartoffeln (Gschwellti), Kartoffelsalat.
Deutschland: Aula, Irmgard
Schweiz: Christa, Desirée

Die wichtigsten und gebräuchlichsten Kartoffelsorten

Rezepte mit Kartoffeln

Pellkartoffeln – Gschwellti:
Kartoffeln gut waschen, mit kaltem Wasser knapp bedeckt aufsetzen, je nach Sorte 20–30 Min. kochen. Wasser abschütten. Beim Kochen im Dampfkochtopf: nie den Kochvorgang abbrechen, indem man kaltes Wasser über den Deckel laufen läßt. Sonst zerplatzt die Haut, wenn nicht sogar die ganze Kartoffel.
Beilagen zu geschwellten Kartoffeln: Heringe, Käse, Holunder- oder Heidelbeermus oder Quarkmüsli.
Hier zwei Quark-Rezepte aus Kathrins Küche:

1.   2 EL Kaffeerahm
     1 Päckchen Rahmquark
     4 EL Yoghurt
     1 gestr. KL Streuwürze
     1 gestr. KL Maggiwürze
     ½ gestr. KL Pfeffer
     1 feingeschnittene Zwiebel
     1 feingeschnittene Salzgurke

2.   1 Päckchen Rahmquark
     1 Päckchen Magerquark
     3 EL Kaffeerahm
     3 EL feingeschnittenen Schnittlauch
     1 zerdrückte Knoblauchzehe
     1 gestr. KL Streuwürze
     ½ gestr. KL Pfeffer

Wenn man Pellkartoffeln kocht, lohnt es sich, die doppelte Menge aufzusetzen, denn sie lassen sich weiterverwenden, z. B. für Rösti, Kartoffelbrot.

Rösti

   1 kg am Vortag in der Schale gekochte Kartoffeln
   2 EL Salz
   4 EL eingekochte Butter (früher nahm man Schweineschmalz)
   3 EL Wasser

Die Kartoffeln schälen, entweder auf einer groben Raffel raffeln, oder vierteilen und in Scheibchen schneiden, gut mit dem Salz vermengen, 2 EL Butter in der Bratpfanne heiß werden lassen, die Kartoffeln beifügen, auf kleinem Feuer 10 Min. bei gelegentlichem Stochern und Wenden braten. Zu einem kompakten Fladen zusammendrücken, dem Pfannenrand entlang einen weiteren EL Butter dazugeben. Das Wasser darüberträufeln. Nun den Fladen mit einem Teller bedeckt weitere 10 Min. auf kleinem Feuer braten. Die Rösti wenden, indem man sie auf den Teller, der als Deckel diente, stürzt und vom Teller wieder in die Pfanne gleiten läßt. Wieder 1 EL Butter beigeben, bedecken, nochmals 10 Min. lang braten, den Fladen auf dem als Deckel dienenden Teller servieren. Rösti kann sowohl Hauptspeise sein wie auch Beilage zu Fleisch, Käse oder Eiern.

Hirtenauflauf «Shepherd's Pie»

300 g Reste von Schafs-, Rinds- oder Schweinebraten
2 Zwiebeln fein gehackt
2 EL Sellerieblätter fein gehackt
1 EL eingesottene Butter
1 Tasse Fleischbrühe
1 kg in der Schale gekochte oder Salzkartoffeln
1 Ei, ca. 1 dl Milch
Salz, Muskat, Pfeffer
1 Eigelb

Vorbereitung: Das Fleisch in kleine Würfel oder Scheibchen schneiden. Zwiebel und Sellerieblätter in feine Streifen, beides in der Butter dünsten. Die Kartoffeln passieren (heiß oder kalt), mit Ei, Milch und Gewürz vermischen.
Einfüllen: Eine Auflaufform gut bebuttern, von der Hälfte der Kartoffelmasse einen ca. 2 cm breiten Rand andrücken. In den Hohlraum

Fleisch, Zwiebeln und die Fleischbrühe geben, mit dem Rest Kartoffelmasse bedecken. Kartoffelmasse glattstreichen, mit dem Eigelb bepinseln, mit einer Gabel «Zierrillen» anbringen. Backen im Ofen in guter Hitze ca. 30 Min. Servieren mit grünem oder mit Rüben-, Randen-, Bohnensalat usw.

Kartoffelpfluten

    1 kg Schalen- oder Salzkartoffeln
    2–3 dl Milch
    1–2 Eier
         Salz, Muskat, Pfeffer
    4 EL Kochbutter oder 3–4 EL Öl
    1 Zwiebel, klein gehackt
    2 Äpfel, geschält, grob geraffelt
    1 EL Paniermehl

Masse: Die Kartoffeln noch heiß durchpressen, mit der heißen Milch, dem verklopften Ei und dem nötigen Gewürz vermischen. Formen: Mit zwei in die flüssige Kochbutter getauchten Eßlöffeln längliche Klöße abstechen, in eine erwärmte Platte anrichten. Abschmelzen mit den gerösteten Zwiebeln und mit den Äpfeln, die man mit dem Paniermehl im Rest der Kochbutter gedämpft hat.

Kartoffelgratin

    1 EL frische Butter
    1 kg Kartoffeln geschält, in feine
         Scheibchen geschnitten
    250 g Gorgonzola oder dänischer Blaukäse,
         in Scheiben geschnitten
    ½ l Fleischbrühe

Eine Pyrexform mit der Butter ausstreichen, die Hälfte der Kartoffeln hineinschütten, die Hälfte des Käses darüberlegen, mit dem Rest der Kartoffeln und dem restlichen Käse bedecken, die Fleischbrühe darüberschütten. In den kalten, auf 200° C eingestellten Backofen stellen, 45 Min. backen.

Ein mit Rotweinessig und Knoblauch angemachter grüner Salat schmeckt am besten dazu.

Kräuterkartoffeln

    1 EL eingesottene Butter
    1 große Zwiebel, fein gehackt
    1 Knoblauchzehe, gepreßt
    1 kg Kartoffeln, geschält, in feine
         Scheibchen geschnitten
    ¾ l Milch
    1 KL Salz
    1 Prise Pfeffer
    3 EL gehackte Petersilie oder gehackter
         Schnittlauch oder
    1 EL gehackter Liebstöckel oder Majoran

Die Butter in einem Kochtopf zergehen lassen, Zwiebel und Knoblauch 5 Min. dämpfen, aber nicht braun werden lassen, die Kartoffeln zuge-

Eine kleine Auswahl, wie Kartoffeln zubereitet werden können: Knödel, Kartoffelbällchen, pommes frites, Kartoffelkroketten →

ben, mitdämpfen, die Milch beifügen. Sie soll die Kartoffeln knapp bedecken. Salzen. Auf ganz kleiner Flamme 50 Min. köcheln lassen. Oft rühren, da die Speise zum Anbrennen neigt. Pfeffern, die Kräuter beigeben, noch 1 bis 2 Minuten ziehen lassen. In zugedecktem Topf auf den Tisch stellen. Der Kräuterduft läßt das Wasser im Munde zusammenlaufen!
Dazu serviert man geräucherte Würste und/oder einen grünen Salat.

Die Kartoffel als Medizin

Frostbeulen:
warme, zerdrückte Pellkartoffeln auflegen

Kopfschmerzen:
rohe Kartoffelscheiben auf die Stirn legen

Magersucht:
Kartoffeln erlauben es, dem Kranken relativ viel Fett zuzuführen, ohne daß es ihn anwidert.

Rheumatische Gliederschmerzen, Gicht:
rohe, geriebene Kartoffeln mit heißem Wasser übergießen, die schmerzhaften Stellen darin möglichst heiß baden.

Übersäuerung des Magens:
während längerer Zeit täglich Kartoffelbrei essen.

Verbrennungen:
rohe, geriebene Kartoffeln auflegen

Verschlucken von spitzen Fremdkörpern, Fischgräten:
größtmögliche Mengen gekochter Kartoffeln essen.

Chronische Verstopfung:
Zu allen drei Hauptmahlzeiten viel Kartoffeln, möglichst in breiiger Form essen. Brot meiden.

Herzbeschwerden, Fettleibigkeit:
Während längerer Zeit viel ohne Salz gekochte Kartoffeln essen. Kartoffeln fördern die Entwässerung, wodurch das Herz entlastet, das Gewicht reduziert wird.

Warnung:
Grüne Kartoffeln und Kartoffelkeime enthalten das Gift Solanin, sind also für Mensch und Tier ungenießbar. Keimende Kartoffeln dürfen nur noch verwendet werden, wenn man die Keime tief ausgestochen und die Knolle geschält und gekocht hat.

Die Schönheitspflege mit Kartoffeln

Gesichtsmaske gegen fette Haut
1 in der Schale gekochte Kartoffel schälen, fein zerdrücken, 2 EL Milch und 1 KL Zitronensaft daruntermischen, auftragen, 20 Minuten einwirken lassen.

Gesichtslotion bei fetter und normaler Haut
1 Glas Kartoffelsaft. Dazu verreibt man eine rohe, gewaschene Kartoffel auf einer feinen Raffel und drückt den Brei in einem Gazetuch aus.
1 Glas Tomatensaft miteinander vermischen, Wattebausch damit tränken, morgens und abends auftragen. Lotion im Kühlschrank aufbewahren.

Augenringe zum Verschwinden bringen
1 rohe Kartoffel schälen, fein reiben, auf die Augen auftragen, 10 Minuten einwirken lassen, spülen.

Gesichtsmaske gegen Pickel und Mitesser:
1 rohe Kartoffel schälen, fein reiben, auftragen, 10 Minuten einwirken lassen. Wer es eilig hat, reibt die Haut mit einer Kartoffelscheibe ab.

Mit Kartoffeln Papier und Stoff bedrucken

Es widerstrebt mir, Eßbares zu verwenden für Zwecke, die nicht der Ernährung dienen. Der Vollständigkeit halber erwähne ich doch die Kartoffelstempel, die man aber nur machen soll, wenn man verschrumpelte, gekeimte oder erfrorene Kartoffeln dafür verwendet.
Die einfachste Stempelform machen wir, wenn wir ein Weihnachtsgebäckförmchen in die Schnittfläche einer halbierten Kartoffel drücken und den Rand ringsherum mit einem scharfen Messer etwa 1 cm tief abschneiden. Zeichnerisch Begabte entwerfen selbst Ornamente, z. B. Blumen, Schmetterlinge, Blatt- und Tierformen. Je einfacher sie sind, desto besser wirken sie
Zum Bedrucken eignen sich saugfähiges Papier (z.B. Tapetenmakulatur), Baumwolle und Seide.

Papier bedruckt man mit Plakatfarbe (im Farbwarengeschäft erhältlich), die man mit einem Pinsel auf den Stempel aufträgt. Macht man nach einem Farbauftrag zwei bis drei Stempel, erzielt man verschieden stark gefärbte Drucke.
Vorschläge: Tischsets, Servietten, Glückwunschkarten, Geschenkpapier, Geschenkschachteln, Tapeten und Seide.
Baumwolle bedruckt man mit Stoffarbe (Farbwarengeschäft). Vorgehen siehe Papier.
Vorschläge: Tischsets, Servietten, Tischtücher, Vorhänge, Einkaufstaschen, Schürzen, Borden an Kinder- und Sommerkleidern.
Seide: Schals, Blusen

Der Kartoffel-Garten

Auch wenn unsere Großmütter möglicherweise bloß einen kleinen Garten hatten: Kartoffeln durften nicht fehlen. Sie baute dann vielleicht nur Frühkartoffeln an, berücksichtigte bei der Wahl des Platzes, der sonnig gelegen sein soll, auch zwei hilfreiche Eigenschaften der Kartoffel: sie lockert den Boden und bringt lästiges Unkraut zum Verschwinden.

Und wer nun keinen Garten hat und trotzdem Kartoffeln anbauen möchte? Versuchen Sie es mit folgendem Rezept: Man füllt im Januar oder Februar in Blumentöpfe, die einen oberen Durchmesser von 25 cm haben, etwa 5 cm hoch Gartenerde (Abflußloch mit einer Tonscherbe abdecken). Dann legt man eine Saatkartoffel, die Augen nach oben, darauf und deckt mit einer zweifingerbreiten weiteren Erdschicht zu.

Die Töpfe werden auf die Fensterbank gestellt, feucht gehalten. Sobald die Blätter etwa fünf Zentimeter hoch sichtbar sind, füllt man weitere Erde in den Topf, aber so, daß die Blattherzen nicht bedeckt sind. Anfangs Mai kann man die Töpfe auf den Balkon bringen. Man fährt fort, Erde dazuzugeben, bis sie fingerbreit unter dem Topfrand ist. Bei Bedarf gießen und nicht vergessen einmal monatlich mit Brenneseljauche zu düngen. Nach drei Monaten wird zum ersten Mal geerntet: Man kehrt den Topf sorgfältig um, klopft den Wurzelballen heraus, nimmt die hühnereigroßen Kartoffeln weg, gibt etwas frische Erde auf den Topfgrund, setzt die Staude wiederum ein. Einmal wöchentlich kann nun geerntet werden.

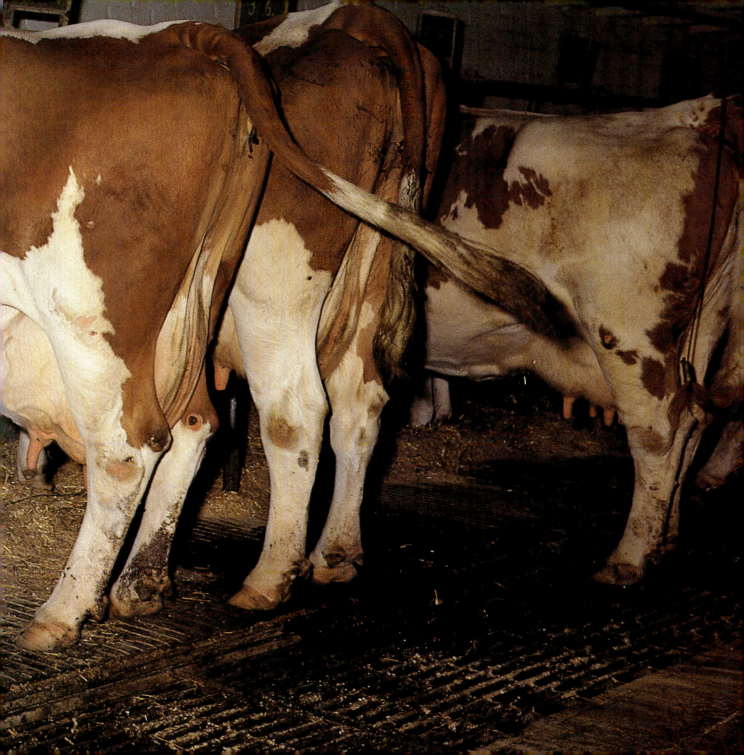

Nahrung, welche die Natur selbst zubereitet: Die Milch

Wie alles, war auch im Krieg die Milch «bewirtschaftet». Bewirtschaften, das war der Ausdruck, den man gefunden hatte, der deutsche Ausdruck für das Fremdwort «Rationierung». Es gab Milchkarten, und auf die Milchkarten bekam man Milch. Zunächst war die Magermilch noch frei, später war auch sie bewirtschaftet, d. h. für Normalverbraucher gab es überhaupt nur noch diese blauschimmernde Flüssigkeit, der das Fett entzogen war und wahrscheinlich auch noch ein Teil des Käsegehaltes. Vollmilch stand Kindern zu und Schwerarbeitern in kriegswichtigen Betrieben.

Mein Vater hatte solche Schwerarbeiterzulage, und er bekam noch deshalb zusätzlich Milch, weil er als Buchdrucker mit dem giftigen Blei umzugehen hatte.

Meine Mutter kannte eine alte Bäuerin. Die beiden hatten sich in der Kirche kennengelernt. Der Lorettoberg bei Freiburg hat seinen Namen, der italienisch klingt, von einer Kapelle, die dort steht. Diese Kapelle ist einem Muttergottes-Heiligtum in Italien nachgebildet, genauer gesagt in Loretto. Und wie in Loretto besteht diese Kapelle aus 3 Kirchenräumen, von denen der eine, große, der Mutter Gottes geweiht ist und sozusagen den Wohnraum der Mutter Gottes und des Christkinds darstellt, eine zweite Kapelle dem heiligen Josef sozusagen als seine Werkstatt, und eine dritte schließlich der heiligen Anna, der Mutter der Mutter Gottes. In diesem Kirchlein fand an jedem Mittwoch- und Sonntagmorgen ein Gottesdienst statt. Zum Gottesdienst kamen Bewohner des Lorettobergs. Der Wirt des Gasthauses amtierte als Messmer, der Pfarrer war pensionierter Theologieprofessor und der Ministrant war ich. Und in diesem Gottesdienst war auch immer diese Bäuerin, die alte Frau, nennen wir sie Schatz. Sie verstand sich mit meiner Mutter natürlich gut, kamen beide doch von einem Bauernhof, und sicher gefiel ihr auch das Wernerle, der so hingebungsvoll ministrierte und so ein «braver» Bub war! Der langen Rede kurzer Sinn, meine Mutter gab der Frau Schatz unsere Milchmarken, und dafür mußte ich an jedem zweiten Abend mit einem Milchkännle, wahrscheinlich wissen Sie gar nicht mehr, wie ein Milchkännle aussah, zu Frau Schatz marschieren und 1½ Liter frisch gemolkene Milch holen. Das Ganze durfte erst in der Dämmerung geschehen, damit «es die Leute in der Straße nicht merken». Erstens hätte ja noch jemand zu Frau Schatz gehen können und Milch wollen und zweitens stand uns nur ½ Liter Vollmilch pro Tag zu und Frau Schatz gab uns alle zwei Tage 1½ Liter. Der Hof von Frau Schatz lag ein ganzes Stück außerhalb, am Waldrand gegen Merzhausen zu, und natürlich habe ich in der hereinbrechenden Dunkelheit entsprechend Angst gehabt. Manchmal hat mich meine Cousine Erika begleitet. Meine Cousine Erika war die Tochter meiner Tante Emilie, und weil meine Mutter ja eigentlich gar keinen Bub gewollt hatte und tief traurig war, daß ich nicht als Mädchen geboren wurde, schätzte sie die Erika besonders. Erika war ein Jahr älter als ich, genau genommen ist sie es heute noch, und da ein zwölfjähriges Mädchen bedeutend weiter entwickelt ist als ein elfjähriger Knabe, nahm sie mich nicht weiter für voll. Das tut sie übrigens heute noch nicht. Das hinderte aber Erika nie daran, mit mir jeden Blödsinn der Welt zu treiben. Und das bedeutete zum Beispiel beim Milchholen die Frage, wer die Milchkanne am langsamsten über den Kopf schwingen konnte. Das Ergebnis war verschüttete Milch und eine bitterböse Mutter. Einmal kam ein Kontrollbeamter von der Polizei, ließ sich von mir den Inhalt meines Milchkännchens zeigen, wollte wissen, wo meine Milchkarten seien, schleppte mich zum Hof von Frau Schatz, ging mit meinem Milchkännle zu Frau Schatz, kam mit einem Stapel Milchkarten wieder heraus, drückte sie mir in die Hand und sagte, ich solle in Zukunft die Milchkarten mit mir führen, wenn ich Milch einkaufe, und sie nicht bei der Frau Schatz liegen lassen. Es waren Milchkarten, die ich nie gesehen hatte, von denen einfach Frau Schatz behauptet hat, es seien die Milchkarten von uns, um die 1½ Liter zu begründen. Natürlich nicht nur meiner Mutter und mir zuliebe. Die Strafen für ein solches Vergehen gegen die Bewirtschaftungsgesetze waren furchtbar hart.

Was meine Mutter mit der Milch alles gemacht hat!

Die Milch kam in einen braunen Krug aus dickem Steingut, der sie kühl hielt, und wurde in die Speisekammer gestellt. Einen Kühlschrank hatten wir nicht. Am Morgen hat Mutter mit einem Eßlöffel sorgsam den Rahm abgeschöpft. Er wurde die ganze Woche über gesammelt und nach spätestens zwei Wochen hatte Mutter so viel beieinander, daß sie Butter machen konnte. Dazu füllte sie die Sahne in ein Glas, auf das man ein Rührwerk setzen konnte, das mußte ich dann so lange drehen, bis Butter entstanden war. Natürlich war das saure Butter, aber es war eben Butter, in einer Zeit, wo Fett noch strenger bewirtschaftet war als Milch. Und Mutter hat Käse gemacht aus der Milch und Sauermilch, wenigstens im Sommer. Dazu wurde die Milch in flache, spezielle Glasschalen gefüllt, wurde zugedeckt mit einem runden Käsebrettle, und Mutter stellte sie auf den im Sommer kalten Herd, bis die Milch gestockt war. Da ja in der von Mutters Hand entrahmten Milch immer noch genügend Rahm enthalten war, bildete sich oben eine gelbe Schicht, die rauh und blasig war. Die Sauermilch gab's dann einmal in der Woche zum Abendessen mit Bratkartoffeln («Surmilch un Brägel!»). Ich aß die Sauermilch mit Zucker und Zimt. Aus derselben Sauermilch machte Mutter auch Käse. Sie goß die gestockte Milch in ein weißes Tuch, band das Tuch zu einem Beutel und hängte ihn an den Wasserhahn über dem Schüttstein. Dort tropfte die Molke heraus, und wenn der Käse fest war, machte Mutter mit der Hand kleine runde Käsle, so wie die, die uns vor dem Krieg manchmal eine Verwandte aus Hofsgrund brachte, wo die Familie meiner Mutter herstammt. Diese kleinen runden Käsle nannte Mutter «Hofsgrunder Schunke», was so viel heißt wie Schinken. Mutter hat sie gesalzen und gepfeffert und frisch zu frischem Brot gegessen. Am besten mit solchem, das aus ihrer Heimat kam. Sie hat diese Käsle aber auch in eine Schüssel getan, gepfeffert und in den Keller gestellt. Nach einiger Zeit verwandelten sie sich an ihrer Oberfläche in eine etwas schmierige Masse und stanken fürchterlich. Mutter nannte sie «Fuli Käsle» und aß sie mit Vorliebe. Ich übrigens auch. Ob sie mir wohl heut auch noch schmecken würden? Ich weiß es nicht. Die Erinnerung ist eines, die Wirklichkeit ein anderes, und manchmal ist es besser, etwas so zu behalten, wie es in der Erinnerung ist.

Eigentlich hätte mich Mutter nach Sonnenuntergang überhaupt nicht mehr zum Milchholen schikken dürfen, denn nach altem Glauben wird die Milch, die nach dem Betzeitläuten über die Straße gebracht wird, leicht verhext. Aber vielleicht hat Mutter auch irgend etwas gegen das Verhextwerden gemacht oder auch Frau Schatz: Wenn man etwas Weihwasser (!) in die Milch tut, schützt das vor dem Verhexen. Gell, das ist nicht unpraktisch, so hat auch der Aberglaube seine guten Seiten. Aber ich will der Frau Schatz, Gott hab sie selig, sie hat für uns, meine Mutter und mich, so viel Gutes getan – nichts Böses unterstellen. Außerdem hat ja der Deckel von meinem Milchkännle die Milch beschützt, denn die Milch ist vor allem dann gefährdet, wenn sie nach dem Betzeitläuten ohne Deckel steht.

Milch ist ein überaus bekömmliches und gesundes Nahrungsmittel, daran ändert auch die in den letzten Jahren aufgekommene Furcht vor dem Cholesterin nichts. Doch darüber habe ich an anderer Stelle schon geschrieben.

Die Milch war für unsere germanischen Vorfahren nach dem Fleisch die wichtigste Nahrung. Sie glaubten, daß die Wolken milchstrotzende Kühe seien, und wenn es regnete, dann sagten sie, Gott melke diese Kühe. Und der Tau, das war die Milch dieser Kühe, der aus den übervollen Eutern herabtropft. Milch bedeutete Segen und Fülle.

So wie Moses die Juden in ein Land führte «Wo Milch und Honig fließen» und der römische Dichter Ovid das Goldene Zeitalter als eine Zeit beschrieb, da in den Flüssen Milch und Nektar durchs Land fließen und Honig als Tau vom Himmel fällt. Milch und Honig sind das Symbol des Paradieses.

Allerdings gibt es Völker, die die Milch bei weitem nicht so hoch schätzen wie wir. Das fängt schon in Griechenland an, wo ich mich immer wieder wundere, daß die Kondensmilch aus England und Butter und Käse aus der Bundesrepublik stammen. Auf dem Heiligen Berg Athos gibt es nie Milch, und das nicht nur, weil Kühe als weibliche Tiere dort nichts verloren haben, sondern auch – wie mir Vater Makarious erläutert hat – weil Milch nur als Nahrung für Babys tauge.

Muhammed Benani, Scheich aus Abudabi, den ich im vergangenen Jahr kennengelernt habe, schwärmte von Kamelmilch, und Eselsmilch gilt seit altersher als Schönheitsmittel: äußerlich angewendet. 700 mal muß man in Eselsmilch baden, damit man einen optimalen Effekt hat. Was ist in diesem Zusammenhang ein optimaler Effekt? Da es mit der Eselsmilch seine Probleme hat, kann man dem Badewasser auch Kuhmilch und Honig beifügen, das soll einen ähnlichen Effekt haben.

Eine große Schwierigkeit stellen die Speisevorschriften der Bibel für die jüdischen Hausfrauen dar. Es heißt: «Du sollst das Böcklein nicht in der Milch seiner Mutter kochen». Das wird seit altersher so ausgelegt, daß Milch und Fleisch weder zusammen genossen, noch überhaupt miteinander in Berührung kommen dürfen. So hat jede jüdische Hausfrau zwei komplette Sätze von Kochgeräten. Solche für «Fleischiges» und solche für «Milchiges». Niemals kann ein frommer Jude zum Beispiel ein mit Käse überbackenes Steak essen oder ein Cordon bleu.

Jetzt muß ich noch eine Warnung aussprechen: wenn eine Jungfrau von Milch träumt, dann ist das ein Zeichen, daß ihre Tugend in Gefahr ist. Ich hoffe, alle in Frage kommenden Damen beachten diese Warnung. Besonders heilkräftig, vor allem für Augenleiden, ist die Muttermilch. Sie soll vor allem alten und schwachen Menschen Lebenskraft zurückgeben. Sie heilt Augenleiden, vor allem den Star, und sie gibt verlorene Manneskraft wieder zurück. Dabei soll die Milch brünetter Frauen kräftiger sein als die von blonden.

Die Griechen sagten, daß die Milchstraße die Milch sei, die die Göttin Hera verspritzt hat, als sie den Gott Merkur stillte, und meine Mutter hat mir diese wunderschöne Geschichte erzählt:

Irgendwo im Schwarzwald gibt es eine Quelle, aus der Muttermilch fließt. Und wenn ein kleines Kind seine Mutter verloren hat, dann kommt in der Nacht die Mutter Gottes und bringt das Kind an diese Quelle. Goldene Bienen fliegen dort und bringen Honig. Am anderen Morgen liegt das Kind glücklich lächelnd in seiner Wiege und hat ein Milchschnäuzchen.

Die Milch nimmt unter allen Nahrungsmitteln eine ganz besondere Stellung ein. Sie ist sozusagen das einzige Nahrungsmittel, das von der Natur selbst fertig angeboten wird. Es enthält alle lebensnotwendigen Stoffe in einer idealen Zusammensetzung, zumindest für das jeweilige Tierkind, für das es bestimmt ist. Dies macht die Milch aber auch für den Menschen zu einem besonders wichtigen und besonders wertvollen Nahrungsmittel: das Eiweiß der Milch enthält eine günstige Menge aller lebensnotwendigen (essentiellen) Eiweißarten (Aminosäuren). Es kann sehr leicht vom Körper aufgenommen und zum Neubau von Körpereiweiß eingesetzt werden.

Das Milchfett ist durch seinen niedrigen Schmelzpunkt besonders leicht verdaulich. Es enthält unter anderem die lebensnotwendige Linolsäure, das ist jenes Fett, das der Körper nicht selbst aufbauen kann, aber braucht.

Darüber hinaus enthält die Milch Milchzucker, einen wichtigen Brennstoff für den Körper, der aber auch für eine normale Verdauungsfunktion des Darmes von großer Bedeutung ist. Die Milch enthält Mineralstoffe, von denen vor allem Kalzium zur Bildung von Knochen und Zähnen, aber auch zur Regulierung von Körpervorgängen wichtig ist.

Das Kalzium der Milch ist an Eiweiß gebunden und kann infolgedessen vom Körper gut aufgenommen werden. Schließlich kommt ein hoher Anteil von Vitaminen hinzu, wobei die fettlöslichen Vitamine A und D vor allem in ihren Vorstufen vorhanden sind und vom Körper erst zur eigentlichen Form gebracht werden müssen.

Bis auf wenige Ausnahmen wird alle Milch aufgrund der Lebensmittelgesetze in Molkereien behandelt. Milch ist ein idealer Nährboden für Bakterien und Krankheitskeime. Die Natur sieht ja keinen Transport der Milch vor. Das Kind trinkt an der Mutter, und damit gibt es überhaupt keine Transportprobleme. In der Molkerei muß also für eine Abtötung der Keime gesorgt werden, es muß eine gleichbleibende Qualität gesichert werden und ein ausgeglichener Nährstoffgehalt. Die Milch wird pasteurisiert, indem sie entweder 30 Minuten lang auf ca. 65° erhitzt wird. Dabei gehen Vitamine verloren und Geschmacksstoffe werden verändert. Sie wird 40 Sekunden auf ca. 74° erhitzt oder sie wird 10 Sekunden auf 85° erhitzt. Anschließend wird sie schnell auf 4° Celsius abgekühlt und abgefüllt. Bei der Ultrahocherhitzung (H-Milch) wird sie für Augenblicke auf bis zu 150° erhitzt und sofort auf 20° abgekühlt. Dabei werden so viele Keime abgetötet, daß sie sich bis zu 4 Wochen ohne Kühlschrank hält. Die Konsummilch wird in der Molkerei homogenisiert, d.h. zunächst einmal wird die Milch durch Zentrifugen entrahmt, dann wird der Milch ein genau festgelegter Fettprozentsatz als Rahm wieder beigefügt. Diese Mischung wird unter hohem Druck durch feinste Düsen gepreßt. Dadurch werden die winzigen Fettkügelchen, die in der Rohmilch nach oben steigen und eine Rahmschicht bilden, zerstört und das Fett wird gleichmäßig mit der Milch verbunden. Das hat zur Folge, daß die Milch gleichmäßig Fett enthält, und weil das Fett zugleich Wohlgeschmack bewirkt, gleichmäßig gut schmeckt.

Pasteurisierung und Homogenisierung bedeuten aber auch, daß man das nicht mehr machen kann, was meine Mutter mit der Milch gemacht hat: Rahm abschöpfen und Sauermilch stocken lassen. Der Rahm steigt nicht mehr nach oben, und für die Sauermilch fehlen die erforderlichen Keime. Sie wurden beim Pasteurisieren abgetötet. Wenn man trotzdem Sauermilch will, muß man etwas Buttermilch oder etwas Joghurt beifügen, die die entsprechenden Bakterien zum Säuern der Milch enthalten.

Was es nicht mehr im Handel gibt, ist richtige Buttermilch. Das, was als Buttermilch verkauft wird, ist so gut wie immer eine gesäuerte Magermilch.
Viele Leute meinen, man könnte dem Milchsee der EG dadurch zu Leibe rücken, daß man diese Milch den hungernden Menschen der Dritten Welt zukommen läßt.
Nun, die Milch kann so, wie sie ist, natürlich nicht dorthin transportiert werden. Sie wäre längst verdorben. Also stellt sich die Frage, ob man denn Milchpulver transportieren könnte. Das könnte man wohl, aber Milchpulver muß man ja in Wasser anrühren, und dazu müßte dieses Wasser sauber und keimfrei sein. Aber selbst wenn das machbar ist, wäre es wahrscheinlich von verheerenden Auswirkungen, diesen hungernden Menschen Milchpulver zu geben. Die Verdauung von Milch setzt eine besondere Fähigkeit des Magens voraus, die der Mensch, wenn er über längere Zeit keine Milch trinkt, verliert. Der Körper kann die Milch nicht verdauen, im Gegenteil, der Mensch bekommt Verdauungsprobleme und Schmerzen. Diese Milchunverträglichkeit kann auch hierzulande bei Menschen auftreten, die selten Milch trinken.

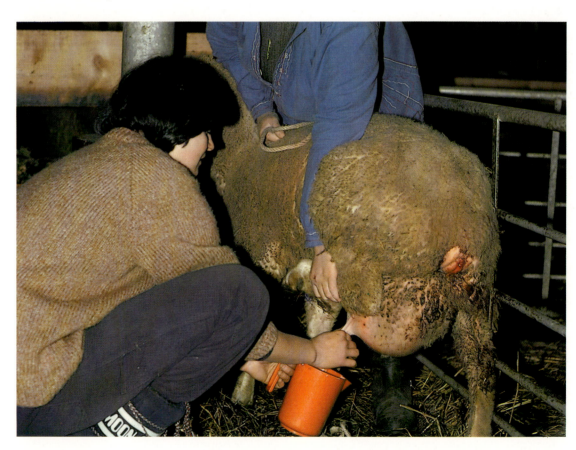

Milch – ein kostbarer Saft

Sich den Werdegang der Milch vom Gras über die Kuh bis zur Tüte im Selbstbedienungsgeschäft vorstellen, heißt sich wundern, daß Milch nicht viel, viel teurer ist!

Es fängt hübsch an: mit den Kühen, die Lisi, Rosa oder Maya heißen, die Gras, Heu und Kraftfutter fressen, Wasser trinken, die zweimal täglich gemolken werden, am besten morgens und abends um fünf Uhr. Ein Kleinbauer tut diese Arbeit auch heute noch von Hand. Aber mehr als zehn Kühe täglich melken bedeutet einen Kraftakt.

Wenn es noch einen Schritt weiter romantisch ist, wird die Milch mit dem Pferdewagen zur Molkerei gebracht – aber dort hört die Nostalgie endgültig auf. Unsere Großmütter wußten noch, daß «sämtliche Milchgefäße nach ihrer Entleerung möglichst bald ausgewaschen werden – im Sommer mit heißem Sodawasser – und dann müssen sie mit heißem Wasser gebrüht und mit kaltem gespült werden. Im Sommer, besonders bei Gewittern, wird man gut tun, die zum frischen Gebrauch benötigte Milch aufzukochen.»

Im Kochbuch aus der Mitte des letzten Jahrhunderts, das vor mir auf dem Tisch liegt, wird genauestens beschrieben, wie man Butter macht. Da steht auch, daß «die Morgenmilch wertvoller ist als die Abendmilch». Wer weiß heute noch – es sei denn, er habe eigene Milchtiere – ob er Abend- oder Morgenmilch trinkt?

Aber um auf den Werdegang der Milch zurückzukommen: In der Molkerei wird sie ein zweites Mal filtriert, gewogen, auf ihre Reinlichkeit geprüft und in einen gekühlten Sammeltank geleitet. Tankwagen, die ein Fassungsvermögen von über 15 Tonnen Milch haben, holen sie ab und transportieren sie in die Großmolkerei, wo sie zu den verschiedenen Milchprodukten verarbeitet wird. Energieaufwand pro Liter Milch inklusive Verpackung: im Schnitt einen Liter Erdöl. Ein weiter Weg vom hölzernen Butterfaß zum Erdöl.

Für unsere Großmütter war Milch einfach Kuhmilch, die man aus dem eigenen Stall oder in der Molkerei holte. Heute geht der Großteil des Milchverkaufes über den normalen Detailhandel. Die Milch abgepackt in handliche Tüten, gekennzeichnet nach verschiedenen Kriterien, die wir hier nur kurz streifen können.

Die Milchsorten: Vorzugsmilch z. B. Vollmilch, teilentrahmte oder fettarme Milch, entrahmte Milch, außerdem Sauermilch, Buttermilch, Milchmischgetränke, Kondensmilch, Trockenmilch.

In Tüten abgefüllte Milch ist **homogenisiert,** das heißt, daß die in der Milch enthaltenen Fettkügelchen durch mechanische Bearbeitung oder Hochdruck zerkleinert werden. Dadurch bleiben sie in der Milch gleichmäßig verteilt. Die Milch rahmt deshalb nicht auf. Das heißt aber auch, daß sie sich nicht zu Dickmilch verarbeiten läßt. Yoghurt kann damit aber ohne weiteres hergestellt werden. Außerdem ist diese Milch **pasteurisiert,** das heißt, sie ist ganz kurz erhitzt und sofort wieder abgekühlt worden. Vorteil: sie bleibt länger frisch.

Ultrahocherhitzte Milch ist während längerer Zeit auf hoher Temperatur gehalten worden. Sie bleibt ungeöffnet auch ohne Kühlung mindestens sechs Wochen haltbar.

Sterilisierte Milch bleibt bei Zimmertemperatur ungeöffnet bis zu einem Jahr haltbar.

Vollmilch hat im Durchschnitt einen natürlichen Fettgehalt von 3,5%. Teilentrahmte Milch ist meist zusätzlich mit Eiweiß angereichert und hat einen Fettgehalt von 1,5 – 1,8%. Eine aufmerksame Hausfrau beachtet beim

Milchkauf das aufgedruckte Verbrauchs- oder Abfülldatum.
Für unsere Großmütter war es noch selbstverständlich, die Milch in hölzernen oder Keramikgefäßen im Keller aufzubewahren, vor dem Gebrauch die Rahmschicht mit der Rahmkelle abzusahnen. Heute weiß niemand mehr, daß Rohmilch nicht in verschlossenen Gefäßen aufbewahrt werden durfte. Dafür gelten Regeln, die umgekehrt der älteren Generation seltsam vorkommen würden:
Milch in Tüten oder Flaschen wird im Kühlschrank aufbewahrt. Man soll sie nicht starkem Licht oder stark wechselnden Temperaturen aussetzen.
Da sie — wie Eier — Fremdgerüche sehr annimmt, soll man sie nicht neben geruchsintensiven Speisen lagern.
Pasteurisierte Milch braucht vor dem Verbrauch nicht mehr erhitzt zu werden.

Joghurt, Dickmilch, Junket, Kefir

Wenn auch die Herstellung von Butter nicht mehr aktuell ist (dazu braucht man nämlich Rohmilch, weil die Tütenmilch homogenisiert ist), so lohnt es sich doch noch, wenigstens Joghurt selbst zu machen. Hierfür gibt es heutzutage Joghurtapparate mit elektrischer Warmhaltung, Zeitautomatik und Thermostat. Ich besitze einen Joghurtapparat, der existiert, solange ich mich erinnern kann, und wir brauchen ihn beinahe täglich: Es ist ein doppelwandiger Aluminiumtopf mit gutsitzendem Deckel. Ich brauche bloß den Rand des Topfes mit heißem Wasser zu füllen, die auf 40,5° C erhitzte Milch mit Joghurt zu impfen, sie in vorgewärmte Gläser abzufüllen, zuzudecken und mindestens 4 Stunden stehen zu lassen.

Verwendet man einen heute handelsüblichen Joghurtapparat, so muß man die Gebrauchsanweisung ganz genau befolgen. Je länger Joghurt in der Wärme steht, desto saurer wird er. Das Spaßige am selbstgemachten Joghurt: pröbeln mit Aromabeigaben (Zucker, Caramel, Kaffee, Fruchtpüree, Schokolade) einerseits, und andererseits: selbstgemachtes Joghurt kostet kaum die Hälfte.

Joghurt ist ein ideales Ersatzmittel für Öl oder Sahne für all die vielen, die auf ihre Linie achten müssen. Man kann es als Salatsauce genausogut gebrauchen wie zur Herstellung von Fruchteis (wenn auch letzteres Rezept keines aus Großmutters Zeiten ist, denn damals gab es noch keine Tiefkühler). Ich verrate es trotzdem – damit man es als Dessert servieren kann, wenn man zuvor zu sehr «à la Großmutter» geschlemmt hat auf Seite 80.

Dickmilch ist heute durch Joghurt eigentlich verdrängt worden. Schade – denn Dickmilch mit Beeren, das ist ein besonderer Sommergenuß. Am besten macht man Dickmilch, indem man Vorzugsmilch (die also nicht pasteurisiert worden ist) während zwölf Stunden an einen warmen Ort stellt. Mit pasteurisierter Milch, der man pro Liter zwei Eßlöffel Buttermilch beigegeben hat, läßt sich aber Dickmilch ebenfalls herstellen. Vor dem Servieren soll sie gekühlt werden.
Ein weiteres Großmutter-Milchprodukt ist *Junket*. Dazu benötigt man Junket-Tabletten, die in der Apotheke mit Gebrauchsanweisung erhältlich sind. Junket ist nichtsäuerliche Dickmilch: die Gerinnung wird auf andere Weise verursacht.

Eine uralte, neuentdeckte Milchform ist *Kefir*. Die Schwierigkeit besteht darin, sich einen richtigen Kefirpilz zu beschaffen. Er ist möglicherweise in Molkereien erhältlich. In Reformhäusern gibt es ein Präparat, das, wird Milch zugesetzt, die Herstellung von Kefirmilch erlaubt. Falls Sie aber das Glück haben, einen Kefirpilz, einen richtigen, zu erhalten:
Man gibt ihn abends in lauwarme Milch, die man in ein Glas mit Schraubdeckel füllt: Zwischen Milch und Deckel müssen zwei Zentimeter Luft bleiben. Man stellt das Glas an einen hellen, warmen Ort und hat nach einem Tag, also am andern Abend, seinen Kefir. Der Pilz wird aus der Milch entfernt (eventuell abgesiebt) und mit fließendem, lauwarmem Wasser gewaschen. Dann ist er wieder verwendungsbereit für die neue Portion Kefir.
Der Kefir wird getrunken (darf jedoch nicht älter als 24 Stunden sein!).

Die Großmutter wußte:

— Wenn man *Milch wärmen* will, spült man den Kochtopf mit kaltem Wasser aus. Sie brennt dann nicht an.

— In *leicht angebrannte Milch* kann man eine Prise Salz geben. Verschwindet der Brandgeruch auch dann nicht, muß man sie wegschütten.

— *Versalzene* Suppen und Saucen lassen sich durch Milchzugabe «retten».

— *Rinds- und Schweinsleber,* in Milch einlegt, wird weicher.

— Milch läßt sich rasch *säuern,* wenn man etwas Zitronensaft oder Essig dazugibt

— *Leicht angesäuerte Milch* wird durch Zugabe einer Prise Backpulver «gerettet».

Rezepte mit Joghurt

Apfeleis

>   500 g geschälte, fein geraffelte Äpfel
>   Saft und Schale einer Zitrone
>   3 EL Zucker oder entsprechende Menge
>   flüssigen Süßstoff
>   2 Gläser Joghurt

Die Äpfel schälen, die Schale der Zitrone abreiben. Die Äpfel raffeln und lagenweise mit dem Zitronensaft beträufeln, Zucker oder Süßstoff und Joghurt daruntermischen, in eine Schüssel geben, diese ins Tiefkühlfach stellen. Jede halbe Stunde gut umrühren, bis das Eis durchgefroren ist.

Joghurt-Salatsauce mit ganz wenig Kalorien

>   1 KL Senf
>   1 Glas Joghurt
>   4 EL Weißweinessig
>   1 dl fettlose Fleischbrühe
>   2 EL Sojasauce
>   Salz, Pfeffer

Alles miteinander vermischen. Kann im Kühlschrank einige Tage aufbewahrt werden.

Gurkensüppchen

>   1 EL eingesottene Butter
>   1 feingehackte Zwiebel
>   1 Gurke, geschält, ¾ davon gehobelt,
>   ¼ in Würfeln
>   1 l Fleischbrühe
>   1 Joghurt
>   3 Eigelb
>   Pfeffer, eventuell Salz
>   1 EL frischen Dill, gehackt, oder Petersilie

Die Butter schmelzen, die Zwiebeln darin dünsten, die Gurkenscheibchen zugeben, 5 Min. dämpfen, mit der Fleischbrühe ablöschen, 20 Min. ziehen lassen, durch ein Sieb streichen, wieder aufkochen.
Joghurt und Eigelb in der Suppenschüssel verquirlen, die Suppe schöpflöffelweise darüberschütten, gut rühren, nochmals gut erhitzen, würzen, über den Dill und die Gurkenwürfel anrichten.

Joghurt-Cake

> 1 Joghurt nature
> 2 Joghurtbecher Mehl, gesiebt
> 1 Joghurtbecher Zucker
> ½ Joghurtbecher Sonnenblumenöl
> 2 Eier
> 1 Kl Vanillezucker
> 2 Kl Backpulver
> 4 EL geriebene Haselnüsse
> 2 EL Weinbeeren

Alles in der angegebenen Reihenfolge mischen, in den auf 175° erhitzten Ofen schieben, 10 Minuten backen, Ofen auf 150° zurückstellen, 30 Minuten backen.

Milch als Medizin

Wer täglich einen Liter Vollmilch trinkt, deckt damit ½ des Bedarfs an Eiweiß, ½ des Bedarfs an Fett, ⅔ des Kalziumbedarfs, den ganzen Phosphorbedarf.
Das Milcheiweiß schützt die Leber
Das Milchfett, leicht verdaulich, hat gute Wirkung auf die Haut
Kalzium und Phosphor werden vom Herz, den Nerven, der Darmmuskulatur, dem Knochengerüst benötigt. Milchgenuß trägt also wesentlich dazu bei, gesund zu bleiben. «Milch macht manches wieder gut».
Der Genuß von Joghurt reguliert die *Darmtätigkeit*, hilft, die durch Antibiotika zerstörte Darmflora wieder aufzubauen. Milchsäure ist ein harmloses, wirksames Medikament bei Durchfällen.
Bei *Schlafstörungen* trinkt man ein Glas warme Milch. Warme Milch mit Honig stillt den *Husten*.
Entzündete Augen behandelt man mit lauwarmen Kompressen aus halb Milch, halb Wasser.

Schönheitspflege mit Milch und Joghurt

Kleopatra soll bekanntlich in Eselsmilch gebadet haben. Eine ganze Wanne voller Milch ist gar nicht notwendig, um die Wohltat eines Milchbades zu genießen. Ein Liter Milch – auch Buttermilch – dem warmen Badewasser zugefügt, ergibt wunderbar weiche Haut. Wenn man noch zwei Eßlöffel flüssigen Honig dazugibt, ist das Badevergnügen komplett.
Wenn man zwischendurch seine Haut erfrischen möchte: einen Wattebausch mit Milch tränken, das Gesicht damit betupfen oder – noch besser – ein Tuch mit kühler Milch tränken, einige Minuten aufs Gesicht legen.

Joghurt-Gesichtsmaske bei strapazierter Haut
¼ Banane zerdrücken, mit 2 EL Joghurt vermischen, auf das gereinigte Gesicht auftragen, mit warmer Kompresse bedeckt 20 Minuten einwirken lassen.

Von Kuh- und anderer Milch

Wenn man gemeinhin von «Milch» redet, meint man damit Kuhmilch. Ich weiß in der Zwischenzeit von vielen süddeutschen Leserinnen, daß sie während und nach der Kriegszeit Ostfriesische Milchschafe hielten auf Landflächen, die für die Kuhhaltung eben zu klein waren. In der Schweiz nimmt der Bestand an diesen Tieren jedes Jahr zu — und ich bin stolz darauf, ebenfalls zu den «Milchschäfelern» zu gehören. Abgesehen von den Freuden, die der Umgang mit diesen Tieren bringt: Wer einmal daran gewöhnt ist, Schafmilch zu trinken, tut sich mit jeder andern Milch schwer. Lauter Superlative bieten sich an:

Schafmilch hat einen höheren Nährwert (im Schnitt 7% Fett), eine feinere Struktur, ist leichter verdaulich, wohlschmeckend, hat einen überragenden Gehalt an Aminosäuren, Vitaminen. Für Leber- und Magenkranke ist Schafmilch Medizin.

Ich halte nun seit zehn Jahren Milchschafe. Wenn ich denke, wie wenige, verschwindend wenige Krankheitstage alle meine Mitbewohner und ich selbst während dieser Zeit aufzuweisen haben: ein großer Anteil unserer guten Gesundheit geht auf das Konto der Schafmilch.

Zwei von vielen Alp-schaf-Waisenlämmchen, die wir mit Schafmilch aufgezogen haben.

Milchtierzüchter wissen es: die Böcke sind es, die die Milchleistung ihrer Mutter an ihre Töchter weitervererben.

Kraft vom Bruder Tier: Das Rindfleisch

Ich glaube, wenn ich die Tiere töten müßte, deren Fleisch ich im Laufe eines Jahres aufesse, ich wäre längst Vegetarier. Und ich nehme fast an, daß es vielen von Ihnen, liebe Leser, genauso ginge. Wir wollen in diesem Kapitel vom Rindfleisch sprechen, dem Fleisch also, das von den Kühen stammt, die im Sommer den Wiesen in vielen Gegenden einen so friedlichen Charakter geben, die niemandem etwas Böses tun, vielleicht einmal einen Fladen fallen lassen, in den wir versehentlich treten, aber das ist auch alles. Meine Mutter hat dem kleinen Wernerle, das nach der Herkunft des Fleisches fragte, gesagt: «Das ist von einer Kuh, die die bösen Menschen totgemacht haben». Meine Mutter konnte bei solchen Gelegenheiten schon mal sentimental sein und ihre Herkunft als Bauerntochter vergessen. Andererseits muß ich sagen, zu den Bildern, die ich nie vergesse, gehört das Bild einer Kuh, eines alten, steifen Tieres, das zwei Metzger in einen Raum im Schlachthof treiben, zerren, schlagen, um es dort zu töten. Ich war mit einem Kamerateam im Schlachthof, um einmal die Herkunft des Fleisches zu filmen. Wir haben die Szene nicht gefilmt. Wir haben einiges andere gefilmt, aber nicht das. Die Augen des Tieres, das Maul, aufgerissen zum Brüllen, und seine Angst. Und die zwei Männer, die nichts taten als nur ihr tägliches Geschäft. Ohne Quälerei, sauber nach den Vorschriften. Mein Kameramann, sein Assistent und ich saßen nachher in einer Wirtschaft. Der Schlachttag beginnt früh am Morgen. Haben Kaffee getrunken und Marmeladeweck gegessen. Keiner von uns hätte ein Stück Wurst anrühren können. Wir essen Fleisch, weil uns andere die «schmutzige Arbeit» abnehmen, von Tieren, die uns freundlich und lieb vorkommen. Aber hat der Mensch denn überhaupt eine Wahl? Der Ernährungswissenschaftler sagt, daß der Mensch zum Leben keine Kohlenhydrate braucht. Also weder Brot noch Kartoffeln noch Zucker sind an sich lebensnotwendig, wenn man von den Vitaminen und Mineralstoffen absieht, die halt in besonderer Weise mit Kohlenhydraten verbunden sind. Aber der Mensch braucht, um leben, um sich bewegen, um arbeiten zu können, Eiweiß. Genauso wie er bestimmte Fette braucht. Es gibt 22 Eiweißarten, 8 davon muß der Mensch essen, weil sein Körper sie nicht selbst bilden kann. Man nennt sie darum die wesentlichen, die essentiellen. Nun ist Eiweiß zwar nicht unbedingt gleichzusetzen mit Fleisch. Eier enthalten Eiweiß, Milch und Milchprodukte und eine ganze Reihe von pflanzlichen Nahrungsmitteln enthalten Eiweiß. Ja, man kann sogar den gesamten Eiweißbedarf mit pflanzlichem Eiweiß bestreiten. Vegetarisch leben ist möglich. Das können wir, die wir Nahrungsmittel aller Art in Fülle zur Verfügung haben. Und wir können uns deshalb auch leisten, auf das Fleisch zum Beispiel warmblütiger Tiere, die biologisch mit uns verwandt sind, zu verzichten, so wie das orthodoxe Mönche tun.
Unsere Vorfahren hatten diese Wahl nicht. Man kann sich die Menschen vor ca. 10000 Jahren gar nicht hungrig genug vorstellen. Sie lebten in keinem Schlaraffenland, wo man nur den Mund zu öffnen brauchte, um sich mehr als satt zu essen. Die Pflanzen waren im Zustand unserer Wildkräuter, die Früchte waren kleine, saure Angelegenheiten, es gab keinen Apfel, keine Birne, keine Pflaume,

wie wir sie heute kennen. Das einzige, was wirklich als Nahrung Kraft gab und überlebensnotwendig war, war das Fleisch. Und dazu mußten Tiere gejagt werden, das ist mit Speer, Keule, Pfeil und Bogen gar keine so einfache Angelegenheit. Eugen Essig hat vor Jahren einen Film über die letzten von der Zivilisation unberührten Menschen auf Neuguinea gemacht. Ich habe den Text geschrieben und mich darum sehr mit ihren Lebensumständen beschäftigt. Eugen hat mir einen Jagdbogen mitgebracht, weil er meine Leidenschaft fürs Bogenschießen kennt. Mit diesem Bogen kann ich äußerstenfalls 10 Meter treffsicher schießen, und ich bezweifle, ob ein Tier auf diese Entfernung überhaupt zu verletzen, geschweige denn zu töten ist. Selbst die Vorfahren unserer sanften Kühe waren Tiere, die sich nicht willenlos abschlachten ließen. Von den wilden Bisons aus Amerika weiß man, daß sie beim Erscheinen von Jägern einen Ring um die Kälber bildeten, den Jägern die steinharten, mit Hörnern bewehrten Schädel zuwandten und daß man erst nach der Einführung der Jagdgewehre wirklich gegen eine solche Herde etwas ausrichten konnte.

Irgendwann in der fernen Vorzeit muß es einem einmal zu dumm geworden sein. Es gelang ihm, sagen wir, eine mehr oder weniger große Herde in eine Höhle zu drängen, deren Eingang er mit Steinen verschloß. Wahrscheinlich war er gar nicht allein, sondern es war eine ganze Schar von Männern. Nun konnte man je nach Bedarf ein Tier töten. Vorher gab es jedes Mal, wenn es gelang, eine Jagdbeute zu machen, eine unsinnige Fleischfresserei, der dann wieder eine Zeit des Hungers folgte. Wenn man die Tiere gefangen hielt, dann konnte man sich die Sache einteilen. Und wenn man dann gar noch dafür sorgte, daß die Tiere in der Gefangenschaft genügend zu fressen hatten, dann fingen sie an, sich zu vermehren, und man brauchte überhaupt nicht mehr auf die Jagd zu gehen. Daß diese Geschichte Tausende von Jahren brauchte, bis sie Wirklichkeit wurde, versteht sich von selbst. Aber damit hatte der Mensch sich unabhängig von der Jagd gemacht, er hatte grundsätzlich den Hunger besiegt und hatte noch etwas anderes erfunden, nämlich das Eigentum und die Grundlage des Besitzes. Manche Leute sagen, von diesem Augenblick an gab es auch Streit und Krieg, denn Besitz bedeutete einerseits Macht, und andererseits war er die Ursache von Neid.

Denn sehr schnell hat vermutlich so ein Steinzeitonkel die Erfindung gemacht, daß es bedeutend einfacher ist, dem Nachbar ein Vieh aus der Herde zu klauen, als sich selbst die Arbeit der Aufzucht zu machen. Kurz und gut, man darf mit Recht annehmen, daß die Erfindung der Viehhaltung ein wesentlicher Markstein auf dem Weg zur Kultur war.

Der nächste Schritt war, daß man in einem bestimmten Gebiet wohnen bleiben konnte, daß man feste Hütten baute, daß man begann, miteinander in größeren Familienverbänden zu leben. Und so ging es Schritt für Schritt voran.

Die Erfindung der Viehhaltung und der Viehzucht fand vor etwa 10000 bis 12000 Jahren in Indien, in Persien, in Mesopotamien statt. Und es ist gar kein Wunder, daß zum Beispiel im Ägypten der frühen Zeit die Götter Stierköpfe haben. Und daß in der Sage der Gott Zeus die schöne Königstochter Europa, die in Kreta daheim war, in Gestalt eines wunderschönen schneeweißen Stieres besuchte, ihren Gefallen fand und sie dann dahin entführte, wo die Gegend bis heute ihren Namen trägt: Europa. Bedeutet diese Sage nicht, daß Europa und seine Kultur damit begann, daß die Menschen die Viehhaltung lernten? Und das Mädchen Europa kam aus Kreta, wo man Stiere verehrte, wo es den stierköpfigen Gott Minos gab, der im Labyrinth wohnte und dem man junge Mädchen und junge Burschen zum Opfer bringen mußte. Die Kultur auf Kreta, so glaubt man, war eine weibliche, eine mütterliche Kultur, wo Frieden herrschte, eine Kultur, wo man Kühe hielt und wo es Milch und Honig in Fülle gab. Und Fleisch natürlich auch.

Viele Menschen erwarten in unserer Zeit den Beginn des Wassermannzeitalters. Sie sagen, alle 2000 Jahre kommt die Welt in ein anderes Zeitalter. Um das Jahr 0 begann das Zeitalter der Fische: das Zeitalter des Christentums. Die 2000 Jahre davor, das war das Zeitalter des Widders. Denken sie an das Opfer Abraham, an die Osterlämmer der Juden! Und wieder 2000 Jahre davor, das sei das Zeitalter des Stieres gewesen. Darum sei damals Gott in der Form von Stieren verehrt worden. Stiere seien Gott zum Opfer gebracht worden. Und das Essen eines Rindes habe den Charakter eines Gottesdienstes gehabt. Das Essen eines Rindes, das bedeutete, das Essen des Gottes, und das bedeutete, daß man Kraft bekam, Lebenskraft, und man bekam die Eigenschaft des Rindes. Ich glaube, daß ein Großteil unserer Hochschätzung von Rindfleisch daher stammt, daß wir uns vom Essen dieses kräftigen Tieres immer noch entsprechende Kraft erwarten. Diese Vorstellung, daß man durch das Essen eines bestimmten Tieres dessen Eigenschaften bekommt, lebt im Aberglauben noch sehr stark. Ein Löwenherz soll mutig machen, und in Schwaben bekommt man eine schöne Stimme, wenn man ein Lerchenei austrinkt. Die Gemsjäger essen ein Nachtigallenherz, weil das wach hält (die Nachtigall singt die ganze Nacht). In manchen Teilen der Schweiz soll die Mutter ihrem Kind ein Schwalbenherz zu essen geben, damit es intelligent wird und ein gutes Gedächtnis bekommt. Die Kraft der Tiere soll vor allem in den Nieren liegen, in der Leber und im Herzen, weil dort, so glaubt man, der Sitz der Seele ist. Am meisten Kraft soll man bekommen, wenn man das Fleisch roh ißt, womit wir bei jenem Fleischgenuß sind, der auf fast typische Weise unsere Überfluß-gesellschaft bestimmt: Beefsteak Tatar und das Beefsteak selbst, das viele «blau» oder «blutig» bevorzugen. Im 18. Jahrhundert, das ist die Zeit, als durch die aufkommende Industrialisierung in England neue Bevölkerungsgruppen reich wurden und sich etwas «leisten» konnten, das ist die Zeit der hemmungslosen Ausbeutung der Arbeiter und der Bereicherung um jeden Preis, da kam das Steakessen auf. Es wurde zur regelrechten Mode unter den Wohlhabenden. 1735 wurde in Covent Garden die «Sublime Society of Beefsteak» gegründet. Ihr Zeichen war ein Gitterrost, auf dem Steaks gebraten wurden, und ihr Motto war «Rindfleisch und Freiheit». Fällt einem dabei nicht der Stier ein, der mit seiner wilden Kraft einfach drauflosstürmt, wenn man sich diese Herren des Frühkapitalismus beefsteakessend vorstellt. So wie es den «Deutschen Michel» gibt und die französische «Marianne», so gibt es eine entsprechend englische Figur: den John Bull. Wer denkt schon an die hungernden englischen Arbeiter in den frühen Industriezentren von Birmingham, Liverpool und London, an die Kinder, die aus Unterernährung jene Krankheit hatten, die immer noch die Englische heißt: «Rachitis». Indem ich das so schreibe, fallen mir die Kinder der Dritten Welt ein, nicht damals, heute. Und es fällt mir ein, daß man auf dem gleichen Boden, der einem Ochsen zur Weide dient, Hirse anpflanzen könnte, von der viel mehr Menschen satt werden als von seinem Fleisch. Ist es nicht seltsam, daß das Fleisch des «Stieres», der Europa entführt hat, bis heute eigentlich die Besonderheit der europäischen und der amerikanischen Küche geblieben ist. Der Osten ißt sehr viel stärker Hammelfleisch, die Chinesen essen Schweinefleisch.

Beim Rindfleisch kommt es mehr als bei anderen Schlachtfleischsorten darauf an, für einen bestimmten Verwendungszweck das richtige Stück zu finden. Das ist für die meisten Hausfrauen, oder sagen wir für viele, ein Problem. Hinzu kommt noch, daß der Tierkörper in unterschiedlichen Gegenden unterschiedlich zerlegt wird, ja, daß das Zerlegen von Metzger zu Metzger unterschiedlich sein kann, daß das gleiche Stück Fleisch unterschiedlich heißen kann. Die kluge Hausfrau geht darum immer zum gleichen Metzger und fragt ihn um seinen Rat für einen bestimmten Zubereitungszweck. Wer einen solchen Metzger hat, der ist gut dran. Eine andere Hausfrau findet in guten Kochbüchern, vor allem den sogenannten Schulkochbüchern, die entsprechenden Hinweise. Rindfleisch muß mindestens 14 Tage bis 4 Wochen nach dem Schlachten «abhängen», und zwar unter kontrollierten Temperatur- und Feuchtigkeitsverhältnissen. In dieser Zeit beginnen Enzyme, d.h. chemische Stoffe, die im Körper enthalten sind und die Lebensvorgänge bewirken wie die Umsetzung von Nährstoffen in Wärme, Bewegung usw., die harten Zellwände aufzulösen. Auf diese Weise wird das Fleisch zart und verliert seine ursprüngliche Zähigkeit. Wie an vielen Nahrungsmitteln wird auch am Fleisch herummanipuliert. Manche Metzger spritzen dem noch lebenden Rind einen bestimmten Stoff ein, der sich mit dem Blutkreislauf im ganzen Körper des Rindes verteilt, und nach dem Schlachten den Prozeß des Zartmachens unterstützt. Sie sehen, daß man sich am besten auch den Metzger seiner Wahl einmal auf Vertrauenswürdigkeit hinsichtlich des Umgangs mit der – durchaus gesetzlich zulässigen Chemie – anschaut. Viele Hausfrauen machen heutzutage geradezu eine Manie aus magerem Fleisch. Die Metzger, denen es ja gleich ist, wie das Endprodukt schmeckt, folgen diesen Hausfrauen, wenn sie das letzte Stücklein Fett noch abschneiden. Dabei schmeckt Fleisch ohne Fett bei weitem nicht so gut wie Fleisch mit Fett. Das hängt damit zusammen – wir haben das auch an einer anderen Stelle beschrieben –, daß die Duft- und Geschmacksstoffe fettlöslich sind. Ich finde, der Braten oder das Kochfleisch muß einfach bei der Zubereitung sein eigenes Fett haben. Man kann ja beim Essen das Fett wegschneiden. Eine gute Hausfrau wird auch ihre Suppe entfetten, sei es, daß sie die Bouillon in den Kühlschrank stellt und die erstarrte Fettschicht einfach abhebt, sei es daß sie mit einem Löffel die dicke Fettschicht der Brühe abschöpft und die Augen mit einem Küchenkrepp, das sie darüberzieht, entfernt.

Gerade Steaks sind eine wahre Wissenschaft. Für Steaks wird das sogenannte Roastbeef verwendet, das ist der Teil des Rinderrückens, der zum Hinterteil des Tieres gehört. Er kann auf französisch-deutsche Art zerschnitten werden, dann gibt es 9 verschiedene Sorten, nämlich:
— das Beef- oder Kluftsteak
— das Filetsteak, das beste
— das Rumpsteak
— das Chateaubriand, das ist ein doppeltes Filetsteak
— Tournedos aus dem dünneren Teil des Filets (Lendenschnitte)
— das Entrecote oder Zwischenrippensteak
— das Roastbeef als Bezeichnung für das ganze Stück, das unterschiedlich zerlegt wird
— das Filet Mignon, das unterste Ende der Filetspitze
— das sogenannte Hochrippen- oder Rippensteak, meist mit Knochen. Dies ist ein besonders wertvolles Kochfleischstück, vor allem, weil es eine Fettmarmorierung hat und zarte Fleischfasern.

Das gleiche Roastbeef wird nach der englisch-amerikanischen Art folgendermaßen zerlegt. Zunächst einmal wird das Filet nicht herausgelöst, wie bei der deutsch-französischen Art, sondern grundsätzlich ist an jedem der Fleischstücke der entsprechende Filetteil mit enthalten.

Will man ein Filetsteak, so heißt es Tenderloinsteak. Die übrigen 9 Teile heißen:
— Roundsteak
— Rumpsteak, das sich aber von der deutsch-französischen Einteilung unterscheidet
— Sirloinsteak (ohne Filetanteil)
— Pinebonesteak mit kleinem Filetanteil
— Porterhousesteak mit Knochen und großem Filetanteil
— T-Bonesteak aus dem flachen Roastbeef mit T-förmigem Knochen und Filet
— Clubsteak
— Flanksteak
— Rib-Eye-Steak aus der hohen Rippe

Sie sind bis zu 2 Kg (Sirloinsteak) schwer und bis 6 cm dick. Wenn man zum Beispiel ein Porterhousesteak, das gegen 1 Kg wiegt und im Grunde ein großes Ochsenkotelett mit Filetanteil ist, haben will als Gericht für eine ganze Familie, denn für einen dürfte es bei uns etwas viel sein, dann kann man so etwas auch bei unseren Metzgern bestellen.

Fleisch sollte man übrigens nicht waschen, sondern lediglich mit einem feuchten Tuch abtupfen. Man sollte es vor dem Zubereiten nicht salzen, weil es dazu führt, daß beim Braten und Kochen zu viele Säfte verloren gehen. Für jede Zubereitung gilt, langsames Garen erhält die Säfte und macht das Fleisch zarter als die Zubereitung bei hoher Temperatur. Eine einzige Ausnahme bilden die Steaks, bei denen sich durch die hohe Temperatur eine knusprig braune Schicht bilden soll, indes das Innere «blau» oder «rosa» bleibt.

Lange Zubereitung und hohe Temperatur führen übrigens dazu, daß das Fleisch trocken wird. Das Einlegen in eine Marinade macht das Fleisch zarter. Meine Mutter hat – wie es üblich ist im Schwarzwald – an allen hohen Feiertagen Sauerbraten gemacht. Bis heute geht für mich nichts über einen Schwarzwälder Sauerbraten mit selbstgemachten Nudeln oder Kartoffelklößen. Wenn ich ihn nur rieche, läuft mir das Wasser im Munde zusammen. Drei Tage vorher hat meine Mutter das Fleisch in Essigwasser mit Zwiebeln, Lorbeerblatt, schwarzem Pfeffer eingelegt, zum Braten wurde er mit einem Tuch abgetrocknet, Mutter hat einige Speckschwarten in die Bratpfanne getan und wohl auch etwas Speck ausgelassen, und in diesem Fett wurde der Braten rasch rundum braun gebraten. Dann hat sie mit der Marinade abgelöscht, die sie am Ende des Garens mit etwas Mehlbutter gebunden hat. Ganz zum Schluß kam noch etwas saure Sahne über den Braten. Aber jetzt muß ich aufhören, sonst kommt die Kathrin mit ihren Rezepten zu kurz.

Ein paar Tips:
Zum Braten: Bugstück, Roastbeef, Hochrippe, Nacken
Für Sauerbraten: Bugstück
Für Rouladenscheiben: Oberschale, Schwanzstück, Kugel
Für Schmorbraten: Blume (Hüfte), hieß früher Bürgermeister oder Pastorenstück, Bugstück, Nacken
Für Kochfleisch: Hochrippe, Querrippe, Brustkern, Brust, Beinscheiben
Für Tafelspitz: Blume (Hüfte, Keule oder Kugel)

Kleine Rindfleischkunde: oben links: T-Bone Steak, Entrecôte, oben rechts: Rindsfilet, Mittelstück, unten links: Siedfleisch, mit Fett durchwachsenes und mageres Stück, unten rechts: Braten, Ragout, Plätzchen.

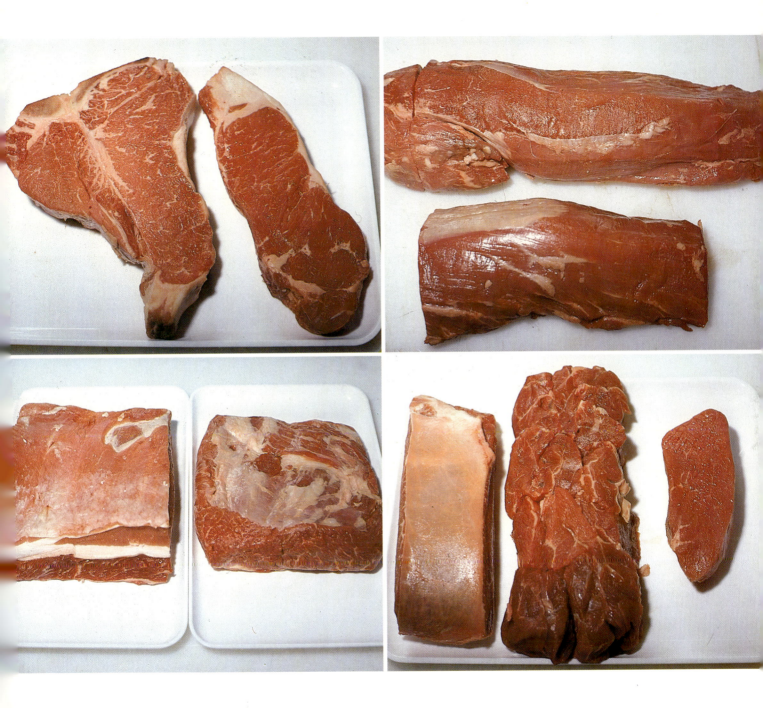

Die Großmutter wußte:

— Rindfleisch muß nach dem Schlachten «abhängen», sonst ist es zäh. Kochfleisch kann nach 3 – 5 Tagen verwendet werden, Bratfleisch nach 8 – 14 Tagen. Da das Fleisch beim «Abhängen» an Gewicht verliert, muß man für gut gelagertes Fleisch gegebenenfalls einen teureren Preis bezahlen.

— *Siedfleisch* (Suppenfleisch): Will man eine kräftige Brühe, setzt man das Fleisch in kaltem Wasser auf.

— *Fleisch anbraten:* das Fleisch muß trocken sein (ev. mit Küchenkrepp oder Tuch trockentupfen). Das Bratfett muß rauchheiß sein, sonst schließen sich die Poren nicht schnell genug. Resultat: das Fleisch verliert Saft und wird trocken.

— *Gulaschstücke* brät man portionenweise an.

— *Fleisch mit Fett* ist schmackhafter. Also nicht ganz magere Stücke verwenden. Wer kein Fett mag, kann das nach dem Kochen wegschneiden.

— Je größer ein *Bratenstück* ist, desto besser wird das Gericht.

— Gares Fleisch muß vor dem Schneiden etwa 10 Minuten *ruhen.* Der Fleischsaft fließt dann nicht ab.

— Fleisch wird *quer zur Faser* hin aufgeschnitten.

— Um Fleischstücke *saftig* zu erhalten, kann man sie entweder panieren oder – größere Stücke – in Brotteig gewickelt garen.

— Brät man Fleisch unpaniert, dann *salzt* man es erst, nachdem es angebraten ist. Das Salz entzieht dem Fleisch sonst Saft.

— Zähe Fleischstücke kann man in eine *Beize* legen.

— *Rindernieren,* zum Beispiel zusammen mit Gulaschstücken gekocht, wässert man mindestens eine Stunde lang und entfernt dann die Harnstränge sorgfältig.

— *Rinderleber* legt man, damit sie zarter wird, in Milch ein. Vor dem Braten bestäubt man sie mit Mehl und salzt erst vor dem Servieren.

Rindfleisch-Rezepte:

Ein unerschöpfliches Thema! Ich beschränke mich bewußt darauf, hier solche weiterzugeben, die sich mit den billigeren Fleischstücken kochen lassen. Unsere Großmütter hielten sparsamer haus, als wir es heute tun. Sonst wäre es nicht so, daß – so habe ich letzthin zu meinem Entsetzen in der Zeitung gelesen – billigere Rindfleischteile eisenbahnwagenweise zu absolut lächerlichen Preisen von der Schweiz ins Ausland verkauft und dann als Hunde- und Katzenfutter wieder importiert werden! Diese billigeren Fleischstücke sind von genau demselben Nährwert, haben als einzigen Nachteil längere Kochzeiten. Sie lassen sich aber mit wenigen Ausnahmen vorkochen, zum Teil kalt essen. Die Sorgfalt, mit denen man sie kochen soll, wird durch den niedrigen Preis und ihre Schmackhaftigkeit längst wettgemacht.

Rindfleischragout mit Biersauce

> 1 kg Rindfleisch aus dem Rippenstück, in 5 x 5 cm große Stücke geschnitten
> Salz, Pfeffer
> 100 g gesalzenen Speck, in Würfel geschnitten
> 2 EL frische Butter
> 3 Zwiebeln, fein gehackt
> 2 EL Mehl
> ½ l dunkles Bier
> 1 Tasse Rinderbrühe
> ½ KL Zucker
> 2 KL Essig
> 1 Knoblauchzehe, gepreßt
> 8 Zweige Petersilie, zusammengebunden
> 1 EL Schnittlauch, fein gehackt

Das Fleisch trockentupfen, salzen, pfeffern. Die Speckwürfel knusprig braten, mit der Schaumkelle aus dem ausgelaufenen Fett nehmen. Das Fett in ein Schüsselchen schütten. Etwa einen EL davon in der Bratpfanne belassen, darin etwa zehn Fleischwürfel ringsum schön anbraten. Die Würfel in eine gut schließende Kasserolle geben. Den Rest des Fleisches portionenweise anbraten, eventuell noch etwas Fett beigeben, in die Kasserolle schütten. Während des Anbratens des Fleisches in einer zweiten Bratpfanne die Butter erhitzen, die Zwiebeln darin unter häufigem Wenden auf kleinem Feuer während 20 Min. dämpfen. Sie sollten ganz leicht gebräunt werden. Zum Fleisch geben. Den Backofen auf 150° C einschalten.

Das restliche Fett – es sollten noch etwa 2 EL voll sein (sonst eventuell noch etwas Sonnenblumenöl dazunehmen) mit dem Mehl gut verrühren und auf mäßigem Feuer so lange rührend rösten, bis das Mehl schön dunkelbraun geworden ist. Pfanne vom Feuer nehmen, das Bier und die Rinderbrühe dem Pfannenrand entlang zum Mehl geben, gut rühren, die Pfanne wieder auf die Kochplatte stellen, die Sauce aufkochen lassen. Zucker, Knoblauch, Essig beifügen, 5 Min. köcheln lassen, dann über das Fleisch-Zwiebelgemisch geben, das davon knapp bedeckt sein soll. Das Petersiliensträußchen darauf legen, die Kasserolle schließen, in den Backofen schieben, 1½ bis 2 Stunden schmoren lassen. Nach der ersten halben Stunde die Sauce eventuell nochmals mit Salz abschmecken.

Vor dem Servieren die Speckwürfel nochmals erhitzen, über das Fleisch geben, alles mit dem Schnittlauch bestreuen.

Italienischer Schmorbraten (Brasato)

  2 KL Oregano, getrocknet, ganz fein zerrieben
  2 Knoblauchzehen, gepreßt
      Pfeffer, Salz
 15 Streifen Schinkenspeck, 3 x 3 mm dick, 10 cm lang
  2 kg Rindsschmorbraten
  1 EL Sonnenblumenöl
  3 EL eingesottene Butter
  1 große Zwiebel, grob gehackt
  2 Karotten, in Rädchen geschnitten
  2 Rippen Stangensellerie, fein geschnitten
  3 Tomaten, geschält, in Würfel geschnitten
  1 Lorbeerblatt
1–2 dl Rinderbrühe
  2 dl trockener Rotwein

Knoblauch, Oregano, Pfeffer und Salz auf einem Brettchen miteinander vermischen. Die Speckstreifen darin wälzen. Das Bratenstück damit spicken. Öl und 1 EL Butter heiß werden lassen und das Fleisch ringsum anbräunen, dann beiseite legen. Backofen auf 180° vorheizen.

2 EL Butter zum Bratenfond in die Bratpfanne geben. Die Zwiebeln, Karotten, Stangensellerie, Tomaten und Lorbeerblatt auf kleiner Flamme ca. 10 Minuten lang dämpfen. 1 dl Fleischbrühe beifügen, in einen möglichst engen Bratentopf mit Deckel geben. Das Fleisch ins Gemüse betten. Wein in der Bratpfanne aufkochen, über das Fleisch gießen. Die untere Hälfte des Fleischstückes sollte nun in der Gemüseflüssigkeit liegen, sonst noch mehr Fleischbrühe beigeben. Den Bratentopf zudecken. Den Braten aufkochen. Dann in den Backofen stellen. 2½ bis 3 Stunden schmoren lassen. Fleischstück nach 1 Stunde umkehren, sonst den Topf nicht öffnen. Zum Servieren das Fleischstück in Tranchen schneiden, diese schuppenförmig auf eine angewärmte Platte legen. Die Sauce eventuell noch zusätzlich salzen und pfeffern und über das Fleisch gießen.

Siedfleisch oder Tafelspitz

Zutaten für 8 Personen:
  2 kg Siedfleisch
  2 Stangen Lauch
  1 Sellerieknollen
  4 Karotten
  ½ Kohlkopf
  1 mit einem Lorbeerblatt und einer Nelke besteckte Zwiebel
      Salz
      einige Pfefferkörner

Wenn man eine gute Brühe haben möchte, setzt man das Fleisch mit kaltem Wasser auf, und wenn man ein kraftvolles Fleisch haben möchte, wird das Fleisch in kochendes Wasser gegeben, damit sich die Poren schließen und der Saft im Fleisch bleibt. Nach 1 Std. Kochzeit die Gemüse beigeben.

Für 1½ kg Fleisch rechnet man eine Kochzeit von 2 – 2½ Std. Für jedes halbe Kilogramm Fleisch ¼ Std. mehr. Im Dampfkochtopf verringern sich die Kochzeiten auf ⅓.

Markklößchen

>   2 Scheiben Markknochen
>   1 Ei, 1 Eigelb
>   Salz, Pfeffer, Muskat
>   3 EL Weißbrotkrumen (trockene Wecken, besser Toastscheiben ohne Rand) ganz fein
>   5 EL Mehl

Mark aus den Knochen nehmen, in einen Topf geben und auf kleinem Feuer schmelzen lassen. Wenn es flüssig ist, es durch ein Haarsieb geben (wegen der Knochensplitter) und etwas abkühlen lassen (wichtig! das Ei gerinnt, wenn das flüssige Mark noch zu warm ist). Das Ei und das Eigelb hinzugeben, miteinander verrühren, dann Salz, Pfeffer, Muskat und das Mehl dazurühren und zum Schluß noch die Weißbrotkrumen. Danach kleine Bällchen formen und in die heiße Suppe geben (nicht kochende, sonst fallen sie auseinander). Sobald die Bällchen wieder an die Oberfläche kommen, sind sie fertig.

Salsa verde (grüne Sauce) zu Siedfleisch

> 2 Handvoll gehackte Petersilie
> 1 kleingeschnittene Zwiebel
> 1 feingehackte Knoblauchzehe
> 4 kleingeschnittene Sardellenfilets
> 1 EL kleingehackte Kapern
> 3 EL Zitronensaft
> ½ Tasse Olivenöl
> Pfeffer

Am besten zerkleinert man die Petersilie, die Zwiebel, die Knoblauchzehe, die Sardellenfilets und die Kapern mit einem Mixer. Die Großmutter nahm das Wiegemesser. Dann die Zutaten alle miteinander verrühren.

Hackbraten im Brotteig

> 1 EL Sonnenblumenöl
> 1 Zwiebel gehackt
> 1 Knoblauchzehe gepreßt
> 1 KL Majoran getrocknet oder 1 KL frische Rosmarinnadeln, feingewiegt
> 500 g gehacktes Rindfleisch
> 2 EL Mehl
> 2 EL Schnittlauch
> Salz, Pfeffer
> 2 Eier
> 300 g Brotteig (Bauern- oder Kartoffelbrot, Rezepte siehe Seite 34 und 38)
> 8 Scheiben geräucherter Speck
> 1 KL Sonnenblumenöl

Das Öl in einer Bratpfanne heiß werden lassen, Zwiebeln, Knoblauch und Rosmarin oder Majoran einige Minuten darin dünsten, aber nicht braun werden lassen, erkalten lassen. Das Fleisch, den Schnittlauch, Mehl, Salz, Pfeffer, Eier, die Zwiebel/Knoblauchmischung gut miteinander vermengen. Den Brotteig auf bemehlter Oberfläche auswallen, mit den Speckscheiben belegen, dabei ringsum einen ca. 10 cm breiten Teigrand freilassen, die Hackfleischmischung daraufschütten, alles zu einem Paket rollen, dieses seitlich nach oben einschlagen, damit das Hackfleisch nicht austreten kann. Den freigelassenen Rand mit etwas Wasser bestreichen und gut andrücken, mit einer Gabel einstechen, mit Öl bepinseln, 20 Minuten kaltstellen. Im vorgewärmten Ofen bei 200° eine knappe Stunde backen.

Rindskotelett (Costata di manzo)

Eine Art, Rindfleisch zu braten, die ich erst hier im Tessin kennengelernt habe: Rindskotelett. Vielleicht muß man das Fleisch in Deutschland oder in der deutschen Schweiz beim Metzger vorbestellen, weil er es nicht gewohnt ist, das Rindfleisch so zu zerteilen. Am besten schmeckt auch hier — wie beim Schweinekotelett — dasjenige Stück, das sich am Knochen befindet.

1,5 kg Rindskotelett mit Knochen
4 El Olivenöl
2 Zweige frischen oder
2 EL getrockneten Rosmarin
1 KL grob gemahlenen schwarzen Pfeffer

Das Fleisch wird in eine tiefe Schüssel gelegt, mit den angegebenen Zutaten gut eingerieben, zugedeckt 2–3 Tage im Keller oder Kühlschrank mariniert.
So eignet es sich für verschiedene Zubereitungsarten, geschmort, gebraten (Kochzeit etwa 1 Std.) oder grilliert (Bratzeit auf jeder Seite 5 Minuten).

Mir schmeckt es am besten auf der Holzglut grilliert mit einer Olivenpaste, ein Rezept, das mir eine italienische Großmutter verraten hat:

1 EL eingesottene Butter
8 Sardellenfilets, fein gehackt
100 g Oliven, gefüllt mit Peperoni, fein gehackt (8 Stück zurückbehalten)
50 g schwarze Oliven entkernt, fein gehackt, 4 Stück zur Dekoration zurückbehalten
2 KL Zitronensaft
1 Zitrone, geviertelt

Die Butter zergehen lassen. Die Sardellenfilets und die gehackten Oliven 15 Min. auf kleiner Flamme dämpfen. Das Fleisch wie oben beschrieben grillieren, leicht salzen, warmstellen, die Sauce darüber anrichten.

Alles mit dem Zitronensaft beträufeln, mit den zurückbehaltenen Oliven und den Zitronenschnitzen garniert servieren. Tomatensalat und Bauernbrot dazu servieren.

Da haben wir den Salat

«Nein», sagte die Kathrin, «wir reden nicht von Kartoffelsalat und Fleischsalat, nicht von Fischsalat und Frutti di mare, auch nicht von Fruchtsalat und von Gurkensalat, wir reden in dem Kapitel nur von grünem Salat».

Da sitze ich also und soll über grünen Salat schreiben. Was soll einem dazu einfallen? «Seit wann essen eigentlich Menschen Salat?», fragt Annette. «Wahrscheinlich haben sie es immer getan, von allem Anfang an.» Aber wann war Anfang? Unsere Großmutter hatte es leicht. Sie nahm die Bibel wörtlich, so wie es fromme Juden tun, die anhand der Generationen von Adam und Eva bis heute auf ungefähr 5000 Jahre kommen. Aber die Schöpfungsgeschichte, so meinen moderne Theologen darf man nicht wörtlich nehmen und die Folge der Generationen – wie sie das Alte Testament beschreibt – auch nur für die Zeit nach Moses. Also wann war Anfang? Man wird es nie sagen können. Das, was den Menschen ausmacht – sein Bewußtsein, sein Verstand, seine Fähigkeit, die Welt zu verändern – hat sich in Millionen von Jahren entwickelt. Und je länger die Wissenschaft sucht, desto weiter zurück reicht die Spur des Menschen. Die Zeit, über die wir ein bißchen mehr wissen, sind lächerliche 10000 Jahre, 300 Generationen vielleicht. Seit 5000 Jahren etwa können die Menschen schreiben, da wissen wir noch ein bißchen mehr von ihnen und erfahren sofort auch schon von Gärten und von Pflanzen, die in diesen Gärten angebaut werden. Dazu gehören Blattpflanzen, die man roh ißt und die man mit Essig und Öl anmacht: Salat! Aber in der Zeit davor, eben in jenen 10000 Jahren, seitdem die Menschen sich Hütten und Häuser gebaut haben, Tiere gezüchtet haben und Pflanzen angebaut, war sicher auch Salat dabei. Und noch früher, vor 50000 Jahren, vor 200000 Jahren? Die Forscher sagen, da wären die Menschen «Sammler und Jäger» gewesen. Was heißt das? Die wenigen Menschen sind durch das wilde Land gezogen, dahin und dorthin, haben Tiere gejagt und haben die Pflanzen gesammelt, von denen sie wußten, daß sie eßbar sind. Gewußt haben sie es aus der Erfahrung der Generationen davor, vielleicht auch mit dem Instinkt, der die Kuh auf der Weide nur das fressen läßt, was ihr bekommt. Und sicher haben sie viele dieser Pflanzen roh gegessen. Und sicher haben sie gewußt, daß zum Beispiel die Pflanze «Löwenzahn» sehr viel besser schmeckt, wenn man etwas Salz – hatten sie schon Salz? – darüber streut oder wenn man von dem heißen Fett des gebratenen Wildschweines darauf tropfen läßt. Nichts fällt vom Himmel. Alles Lebendige zumindest entwickelt sich vom Einfachen hin zum Komplizierten. Und so haben unsere heutigen Salatsorten, es gibt allein 100 Sorten Kopfsalat, einfache Wiesenpflanzen als Ahnen. Den Löwenzahn und die Brunnenkresse essen wir ja noch heute in der Form, wie sie wild wachsen. Auch den Feldsalat, den manche Leute Rapunzel nennen oder Nissel oder Nüßlesalat oder Sunnewirbele (was für ein schöner Name, den die Alemannen für diese Pflanze gefunden haben!). Die Sunnewirbele sind noch immer ein Ackerunkraut, das man im Herbst draußen finden kann, in Rebbergen z.B., wenn man danach sucht. Auch die Urform der Endivie, des Chicorée und des Radicchio wächst noch immer ganz bescheiden an unseren heimischen Wegrändern: die Wegwarte. Sie hat auch den Namen Zichorie.

Wer eine Zichorienwurzel auf St. Jakobi mit einem Hirschgeweih oder einem Goldstück ausgräbt, bekommt Kräfte wie ein Bär und hat Glück in der Liebe. Keine Waffe kann ihm etwas anhaben, alle Ketten, die ihn fesseln, kann er sprengen. Die moderne Wissenschaft aber sagt, die Zichorienwurzel enthalte einen dem Insulin verwandten Stoff, und damit kann man die Wegwarte als Diabetikergemüse verwenden.

Wenn man Zichorie hört, dann fällt einem der Kaffee-Ersatz unserer Großmütter ein. Meine Mutter hat noch «Zichorie» im Laden gekauft und grundsätzlich unserem Malzkaffee zur Verbesserung des Geschmacks beigefügt, und wahrscheinlich sogar dem sonntäglichen Bohnenkaffee. Zichorie war ein braunes Pulver, das dem etwas dünnfarbigen Malzkaffee eine schöne dunkle Farbe verlieh. Aber der Name Zichorie lebt auch in dem französischen Wort: Chicorée. Und es ist die gleiche Pflanze, eine Art unserer bescheidenen Wegwarte. Ich habe es bei meinen Tessiner Freunden gesehen. Sie haben «Zichoria» im Garten. Sobald es ein bißchen warm wird, treibt die Wurzel, die noch vom Vorjahr in der Erde ist, Blätter für den ersten Salat. Er ist sehr bitter, und wer bitteren Salat mag – ich – schätzt ihn sehr. Ansonsten geben die Tessiner Hausfrauen etwas Zucker in die Salatsoße, um die Bitternis etwas zu lindern. Aber man kann auch «Chicorée» für den Winter davon ziehen. Doch darüber mehr bei Kathrin.

Die zweite große Salatsorte ist die Familie unseres Kopfsalates. Dabei ist der Kopfsalat erst seit Ende des Mittelalters überhaupt ein «Kopf»salat, denn davor war er, wie heute noch der Römische Salat, ein Schnitt- und Pflücksalat und wie der neuerdings in den Läden auftauchende Eichblattsalat ein Gewächs mit einzelnen Blättern. Der Züchtungskunst der Renaissance-Gärtner ist es gelungen, die Blätter des Kopfsalates zu einem festen Kopf zusammenzufügen. Der Vater der Familie ist wohl der Lattich. Von dem sagen die Historiker, daß er schon vor fast 3000 Jahren in Babylon gegessen wurde und daß die Ägypter ihn angepflanzt haben. Wer jemals einen ganz frisch abgeschnittenen Kopfsalat in der Hand hielt, der weiß, daß an der Schnittstelle eine Milch ausfließt. Von da her hat der Salat seinen lateinischen Namen. Er heißt Lactuca, darin steckt das Wort Lac = Milch. Und weil die Mohnpflanze auch eine Milch absondert, die, wenn sie eingetrocknet ist, Opium heißt, haben die Griechen gedacht, der Salat müßte eine ähnliche Wirkung haben, d.h. er sei ein Schlafmittel, darum haben sie ihn immer am Schluß einer Mahlzeit gegessen. Die Ägypter haben etwas ganz anderes angenommen. Sie glaubten, der Salat fördere die Liebe (wie war das mit der Wegwarte? Sie sollte doch auch, in rechter Weise ausgegraben, Glück in der Liebe bringen). Kurz, wenn die Ägypter ihren Gott der Fruchtbarkeit, den Gott Min abbildeten, dann stellten sie ihn immer vor einen Garten mit Salat. Aber vielleicht hängt es auch damit zusammen, daß man in Angelegenheiten der Liebe so oft Ursache hat, zu sagen: «Da haben wir den Salat», was ja nichts anderes meint, als ein rechtes Durcheinander.

Im Ernst, Salat enthält eine Menge Vitamine und Spurenelemente, so daß man durchaus annehmen kann, daß er in Zeiten von Vitaminmangel eine entsprechende Wirkung entfaltet. Aber wir haben jetzt nur von den «feinen» Salaten gesprochen, von dem, was schon seit eh und je die Reichen und Vornehmen gegessen haben. Die Römer hatten eine ungeheure «Salatkultur». Sie haben den Salat auf die verschiedensten Weisen angemacht. Ihre «feinen Salate» wurden von den aufstrebenden

Germanenfürsten natürlich übernommen. Und so kam zu den Zeiten Karl des Großen der Gartensalat in die Gärten der Fürstenhöfe und der Klöster. Die Wissenschaftler der Zeit rühmten von ihm, er mache ein gutes Blut.

Wir wollen jetzt aber auch von den Wildsalaten sprechen, von dem, was das einfache Volk gegessen hat. Erst vor knapp 400 Jahren begann auch es, Salat zu essen (darum spielt der Salat im Aberglauben auch keine Rolle). Bis dahin kannte man nur die Wildsalate, aber man hat weit mehr als das, was wir im Frühling auf den Äckern und Wiesen suchen, gegessen: Bachbunge, Bärenklau, Bärlauch, Barbarakraut, Beinwell, Brennessel, Brunnelle, Brunnenkresse, Gänseblümchen, Gänsefuß, Gundermann, Guter Heinrich, Herderich, Hirtentäschel, Hopfen, Huflattich, Knopfkraut, Löffelkraut, Löwenzahn, Lungenkraut, Wilde Malve, Nachtkerze, Pastinac, Portulak, Ackerglockenblume, Sauerampfer, Schafgarbe, Scharbockskraut, Spitzwegerich, Taubenkropf, Tripmadam, Vogelmiere, Wegwarte, Weidenröschen, Wiesenknopf, Wiesenschaumkraut und viele andere.

Die Wildsalate der einfachen Leute wurden mit Speck, Essig und Zwiebeln bekömmlich gemacht. Etwas Essig kommt über den Wildsalat, der Speck wird mit den Zwiebeln gebraten und kommt zum Schluß dazu. Eigenartig war, daß im bäuerlichen Raum gemischte Salate sehr verbreitet waren. Gekochtes wurde mit Rohem vermischt, z.B. Karotten, Sauerkraut und Feldsalat, oder gekochte Kartoffeln mit sauren Gurken und Äpfeln. Meine Mutter hat, wenn sie Kartoffelsalat gemacht hat, grundsätzlich über den Kartoffelsalat die Blätter eines grünen Salates angerichtet. Sie hatte die beiden Salate getrennt voneinander angemacht und dann den grünen auf den Kartoffelsalat gegeben. Das hat gut ausgeschaut. Die Sauce des grünen Salats wurde von dem Kartoffelsalat aufgesaugt und machte den noch saftiger, und gut geschmeckt hat es überdies. Es hatte noch einen Effekt; wer Kartoffelsalat essen wollte, mußte in Gottes Namen auch von den Salatblättern essen, die darüber lagen. Das hat Salatmuffel, wie damals mich, dazu gezwungen, Salat zu essen. Womit wir bei einem Thema ganz besonderer Art sind: Daß Salat «gesund» ist, pfeifen die Spatzen vom Dach. Daß Salat viele Vitamine enthält, haben wir schon gesagt. Im Gegensatz zu den gekochten Gemüsen werden aber die empfindlichen Vitamine bei den Salaten nicht durch Kochen zerstört. Auch die Mineralien werden nicht herausgelöst und bleiben erhalten.

Als der Onkel Doktor zur Auffassung kam, daß ich 30 Kg Gewicht verlieren müßte, um weiter gesund zu bleiben, da habe ich unentwegt Salat essen müssen. Aber nicht nur wegen der Vitamine und Mineralstoffe, sondern auch, weil der Salat «füllt». Man hat das Gefühl, sich satt gegessen zu haben, und die Kalorienzufuhr hält sich dennoch in vernünftigen Grenzen (100 g Salat – eine ganze Menge – enthalten 15 kcal!!!). Andererseits ist es modern, vom Sinn der Ballaststoffe zu reden. Die Ballaststoffe sind zu ihrem Namen gekommen, weil man vor wenigen Jahrzehnten noch angenommen hat, sie seien nichts anderes als eine unnütze Belastung des Organismus, Stoffe eben, die den Körper so verlassen, wie sie hineingekommen sind. Ideal erschienen Nahrungsmittel wie zum Beispiel der Zucker, den der Körper ohne Rest aufnimmt, vor allem wenn es «raffinierter», schneeweißer Zucker ist. Oder das Weißmehl der Type 405, aus dem unser Weißbrot und unser Kuchen gemacht ist. Nimmt man derlei Nahrungsmittel zu sich, so hat der Darm eigentlich über weite Strecken nichts mehr zu tun. Gleich die ersten Darmmeter nehmen sozusagen den gesamten Nahrungsbrei auf, der übrige Darm bleibt leer. Die Folge: der Mensch hat keine Verdauung. Das heißt, die Verdauung hat er schon, aber er hat keinen Stuhlgang (haben Sie sich schon einmal Gedanken darüber gemacht, daß wir über ganz natürliche Vorgänge wie das Gegenteil vom Essen und Trinken nicht mit konkreten, genauen Begriffen reden und schreiben können, als wäre das, was auf der Toilette passiert, etwas Unanständiges). Noch schlimmer ist, daß in einem «arbeitslosen» Darm Fäulnisvorgänge stattfinden und Krankheit entsteht. Anders ist es, wenn die sogenannten Ballaststoffe den Darm füllen. Die Arbeit des Darmes besteht darin, daß er den Nahrungsbrei durch Zusammenziehen und Dehnen in Richtung Körperausgang bewegt, um ihm auf diesem Weg die Nahrungsstoffe zu entziehen. Ballaststoffe aber sind geeignet, durch Druck auf die Darmwände den Darm zu seiner Arbeit anzuregen, kurz, das Beste, um regelmäßigen Stuhlgang zu haben und gesund zu bleiben, sind genügend Ballaststoffe. Man kann sie in der Form von mit Wasser angerührter Kleie zu sich nehmen, man kann aber auch Salat – und Gemüse und Obst – in ausreichender Menge essen.

Solange es Berichte über den Salat gibt, solange wird der Salat mit Essig und Öl angemacht. Essig und Öl gehören zusammen wie Zwillinge, und doch sind sie so gegensätzlich, wie es gegensätzlicher eigentlich nicht geht. Ist das Öl sanft und weich, Stoff des Lebens, ist der Essig hart und scharf, ein Stoff des Todes. Essig. Der menschgewordene Gott schenkt sich und sein Leben den Menschen in der Form von Brot und Wein. Der Wein gilt in der Liturgie als sein Blut. Und Blut, das ist der Saft des Lebens, das ist der Träger des Lebens. Am Gründonnerstag stiftete Christus dieses Geheimnis des verwandelten Weines. Und einen Tag später, am Karfreitag, starb er am Kreuz, und das Letzte, was er zu sich nahm, war Essig, der gestorbene Wein, der Wein, der seine Süße und seine Kraft verloren und die Schärfe der Säure angenommen hat. Für mich verbindet sich mit dem Essig noch eine andere merkwürdige Assoziation zum Tod. Ich habe einmal ein Sterben nach der alten Art, daheim, nicht in der Klinik, unter Menschen miterlebt. Als alles vorbei war, als mein Onkel tot war, da haben ihn meine Tanten mit Essigwasser abgewaschen. Und als er wieder angekleidet war für seinen letzten Gang, da haben sie alle Essigflaschen im Hause ausgegossen, auch die Flasche mit der Essigmutter im Keller, von der aller Essig kam.

Es gibt viele moderne Gesundheitsapostel, die lehren, jeder Tropfen Essig koste einen Tropfen Blut. Auch meine Mutter hat immer gesagt, wenn ich die restliche Salatsauce auslöffeln wollte: «Der Essig zerstört das Blut und macht eine unreine Haut». Und in den Regeln für die Gesundheit, die die Universität von Salerno, die älteste westeuropäische Ärzteschule, vielleicht im 13. Jahrhundert aufgeschrieben hat, heißt es:

«Essig kühlt dich ab und trocknet dich aus. Er macht dich kalt, nimmt dir die Kraft, macht dich betrübt und vermindert deinen Samen. Ausgetrocknete Nerven verstört er und dörret die fetten.» Andererseits schreibt der lateinische Schriftsteller Plinius: «Der Essig ist zu einem angenehmen Leben notwendig.» Und so scheint es mir.

Nun ist es mit dem Essig und mit seiner Herstellung auch so eine Sache. Essig entsteht aus Flüssigkeiten, die Weingeist enthalten, durch Essigbakterien bei Anwesenheit von Luft. Diese Essigbakterien sind wie die Sporen der Hefe so gut wie allgegenwärtig. Darum braucht man nur eine Flasche mit Wein unverschlossen an einem warmen Ort stehen zu lassen, damit Essig entsteht. Will man die Sache beschleunigen, wirft man allerdings ein Stücklein Sauerteigbrot hinein. Der Wein verwandelt sich in Essig. Es entsteht eine Schicht von Essigsäurebakterien, eine sogenannte Essigmutter, und von jetzt an genügt es, Essig zu entnehmen und wieder Wein nachzufüllen. Dabei muß man darauf achten, daß der nachgefüllte Wein Zimmertemperatur hat, denn kalter Wein würde die Essigmutter zerstören. Dies geschieht auch dann, wenn man den Wein direkt auf die Essigmutter gießt.

Meine Mutter hat gesagt, wenn man keine Essigmutter hat und zum ersten Mal Essig ansetzt, dann wirft man 3 Stücklein Brot in den Wein und sagt dabei die Namen der drei bösesten Weiber, die man kennt (und das ist schwer, weil man sich ja nicht entscheiden kann, welches die bösesten sind!). Außerdem muß man in diesem Augenblick ganz sauer schauen und böse sein, sonst wird der Essig nichts.

Keine Frau, die «ihre Tage» hat, darf die Essigflasche berühren, sonst verdirbt der Essig (das hat er mit dem Wein im Keller, mit dem Sauerkraut und mit dem Brotteig gemeinsam!).

Die Flasche mit der Essigmutter darf man nicht verschenken, sondern nur verkaufen, und wenn man nur einen Pfennig dafür nimmt. Sonst gelingt es einem nie mehr, Essig herzustellen.

Am Karfreitag (an diesem Tag spielte der Essig seine besondere Rolle als Gottes letztes Getränk in dieser Welt), wird die Flasche mit der Essigmutter ausgeputzt, der Essig wird abgefüllt, die Essigmutter wird gewaschen und kommt in frischen Wein (zimmerwarm), wenn in der Flasche zwei Essigmütter sind, eine «alte» und eine «junge», wird die alte entfernt und weggeworfen. Was entsteht, ist ein guter Weinessig. Meistens macht man ihn aus Rotwein. Ich gieße alle Weinreste, rote und weiße, wie es kommt, durcheinander in die Flasche. Ich kann mir nicht vorstellen, daß etwas so Natürliches wie der Weinessig – ein echter! – in Maßen genossen, schädlich sein soll. Aber leider Gottes ist es so schwer, an echten Weinessig zu kommen, wenn man ihn nicht selbst herstellt. Oder wie es in dem Lehrbuch «Unsere Nahrung» von Resi Arimond und Ruth Reisen heißt: «Reiner Weinessig ist kaum im Handel». Ich habe die Möglichkeit, einen rechten Essig in Frankreich oder der Schweiz zu kaufen, weil Baden-Baden nicht allzuweit von den Grenzen entfernt liegt. Aber ich verstehe einfach nicht, warum es in der Bundesrepublik so schwer ist, Weinessig zu kaufen, in den nichts anderes, vor allem kein sogenannter Branntweinessig druntergemischt ist. Und das gilt sogar für den Obstessig.

Essig wird industriell folgendermaßen hergestellt: Holzgefäße, riesige Fässer sind mit Buchenholzspänen gefüllt, die sich mit der Zeit mit Essigsäurebakterien überziehen. Diese Gefäße werden von einer Flüssigkeit durchrieselt, die 10 bis 14 % Alkohol enthält sowie gewisse Ammon- und Phosphorverbindungen. Es handelt sich in der Regel um Holzzucker- oder Melassesprit. Essigsäure kommt auch aus der Destillation von Holz oder der synthetischen Herstellung aus purer Chemie, dabei entsteht Essigessenz, die entweder mit Wasser verdünnt (100 g Essig müssen zwischen 5 g und 15 g wasserfreie Essigsäure enthalten) oder mit Geschmacksstoffen, zum Beispiel mit Weinessig vermischt wird. Ja, ja, ich weiß, lieber Herr Chemiker, daß Essigsäure chemisch betrachtet gleich Essigsäure ist, aber ich möchte sie trotzdem lieber in der Form von reinem Weinessig genießen.

Essig darf nicht mit Metall in Berührung kommen, weder beim Umgang mit ihm, noch wenn er bereits am Salat ist. Also niemals Metallöffel oder -gabeln beim Anmachen von Salat verwenden und schon gar keinen Metallöffel längere Zeit im Salat liegen lassen. Metalle wie Blei, Zink, Kupfer und Messing bilden zusammen mit dem Essig giftige Salze, Silber bildet auch ein Salz und wird dabei angegriffen. Sie meinen, Blei käme nie mit Ihrem Salat und seinem Essig in Berührung? Sind Sie sicher, daß Ihre schöne Salatschüssel aus Elsässer Keramik keine bleihaltige Glasur hat? Jedenfalls, wenn Sie so etwas kaufen, fragen! Und lieber eine Glasschüssel nehmen oder Holz. Und niemals einen Metalltrichter zum Essigumfüllen verwenden und den Salat immer mit einem Salatbesteck aus Holz anmachen. Ich bin übrigens ein mißtrauischer Mensch, und darum nehme ich noch nicht einmal eine Kunststoffschüssel für den Salat, denn Sie wissen ja, aus welch abscheulich giftigem Zeug Kunststoffgeschirre hergestellt werden. Normalerweise ist es vielleicht unbedenklich, aber in der Anwesenheit des aggressiven Essig weiß ich nicht, ob nicht vielleicht doch eine nicht restlos chemisch gebundene Sache plötzlich löslich wird ...

Übrigens noch ein paar Tips für die Küche: Essig läßt Eiweiß stark quellen, Essig läßt Stärke weniger binden, Essig macht Zellulose härter (Ballaststoffe) und Essig wirkt konservierend, d.h. es tötet Mikroorganismen wie Bakterien und Hefepilze ab. Aus diesem Grunde sollte man bei grünen Salaten, deren Herkunft vielleicht nicht ganz so klar ist, oder grünen Salaten in südlichen Gegenden, wo die Gefahr einer Darminfektion durch Rohkost leicht besteht, eher ein bißchen mehr Essig an den Salat gießen. Das kann man sogar im Gasthaus machen, weil sowohl in Italien wie in Griechenland die Essig- und die Ölflasche auf dem Tisch steht oder auf Verlangen ohne Problem gebracht wird.

Im Mittelalter hieß es: der Essig macht Lust zum Essen, er öffnet Milz und Leber, er wirkt gegen Schlafsucht und Lethargie und säubert frische Wunden. Zu Zeiten der Pest haben die Menschen mit Essig getränkte Tücher vor dem Mund getragen.

Jetzt wird einer kommen und sagen, warum verwenden Sie nicht Zitronensaft anstatt Essig? Dann werde ich sagen, ich verwende Zitronensaft, aber nur dann, wenn es mir darum geht, bestimmte Speisen einfach nur sauer zu machen, überall dort also, wo der Eigengeschmack von Essig stören würde. Am Salat aber schmeckt mir der Weinessig und sein unnachahmlicher Geschmack einfach besser. Und ein Grundprinzip aller Ernährungslehre ist: es muß schmecken.

Ehe ich allerdings das chemische Zeug, das unter der Bezeichnung «Essig» verkauft wird, benutze, nehme ich doch erheblich lieber Zitronensaft.

Nicht ganz so schlimm wie beim Essig ist es mit dem Öl. Und trotzdem, auch dort ist es noch schlimm genug. Sogenanntes Speiseöl wird raffiniert, d.h. es wird chemisch gereinigt, Farbstoffe werden entzogen, es wird erhitzt. Dabei geht das Elend bereits bei der Gewinnung los. Die Ölfrüchte werden mit ungeheurem Drücken bis aufs Vorletzte ausgepreßt. Das letzte Öl wird dann noch mit chemischen Lösungsmitteln, wie z.B. Benzin, aus dem Ölkuchen ausgelaugt. Dann muß das Benzin wieder chemisch entfernt werden, natürlich. Das Ganze, damit ein optimales Ergebnis erzielt wird, und natürlich, damit das Produkt billig verkauft werden kann. Der menschliche Körper stellt an sich Fett selber her. Fett ist sein Brennstoffvorrat für schlechte Zeiten. Er bildet es aus dem Überschuß an Eiweiß und Kohlenhydraten, die er als Nahrung zu sich nimmt. Er bräuchte also gar kein Fett zu essen, wenn es nicht Fette gäbe, die er nicht selbst produzieren kann. Sie heißen die essentiellen, d.h. die wesentlichen Fettsäuren. In diesem Zusammenhang ist dann auch immer von ungesättigten Fettsäuren die Rede. Ungesättigt heißen diese Fettsäuren, weil in ihrem chemischen Aufbau bestimmte Bestandteile fehlen. Das macht sie sozusagen besonders biologisch aktiv, weil sie sich chemisch zu ergänzen trachten. Nun ist aus dieser Sache mit den essentiellen Fettsäuren ein ganzer Kult entstanden, insbesondere, nachdem eine Zeitlang eine regelrechte Cholesterinpanik geherrscht hat. Inzwischen weiß man, daß der Körper mehr Cholesterin täglich selber herstellt, als er überhaupt durch die Nahrung aufnehmen kann, daß eine Diät äußerstenfalls 7% des Cholesterinspiegels vermindern kann und daß ein Übermaß an Cholesterin eine Frage eines kranken, zu viel Cholesterin produzierenden Körpers ist und weniger seiner Nahrung. Das ist eine Aufgabe für den

Arzt und seine Therapie. Wessen Körper aber gesund ist, der kann das Cholesterin glatt vergessen, denn wenn man einmal zu viel Cholesterin mit der Nahrung aufnimmt, produziert ein gesunder Körper einfach weniger selbst.

Öl und Fett überhaupt sind die Träger von Duft- und Geschmacksstoffen. Es ist einfach kein Zufall, daß ein Salat ohne Öl nicht schmeckt, und wenn man noch so viel Essig, Kräuter und Gewürze dranschüttet. Das Öl macht den Salat erst fein, so wie die Butter das Marmeladebrot erst fein macht. Hinzu kommt, daß die Vitamine A, D, E und K fettlöslich sind. Das heißt, der Körper braucht das Öl, damit die entsprechenden Vitamine aus dem Salat aufgenommen werden können. Nun könnte man meinen, man könne die Frage nach dem Öl nur nach Geschmack entscheiden, so ist es wiederum auch nicht. Wenn wir schon Fett essen, und Öl ist ja reines Fett, dann sollten wir wertvolles Fett essen, das heißt Öl mit den Fettsäuren, die der Körper nicht selbst produzieren kann, und nicht mit solchen, die uns einfach nur dick machen. Außerdem sollte das Öl auch die übrigen Vitalstoffe enthalten, die in den Ölfrüchten enthalten sind. Die besten Öle sind die kaltgepreßten. Aber sie kosten auch mehr. Für eine Flasche kaltgepreßtes Olivenöl kann man mehrere Flaschen eines biologisch mehr oder weniger wertlosen Speiseöls kaufen. Viele Leute empfehlen das Sonnenblumenöl wegen seinem hohen Anteil an «mehrfach ungesättigten Fettsäuren». Distelöl ist wegen seiner Fähigkeit, Cholesterin abzubauen, geradezu Mode. Traubenkernöl gilt als etwas besonders Feines. Ich schwöre auf das kaltgepreßte Olivenöl, am liebsten aus Griechenland, aber wann kommt man schon nach Griechenland. Dagegen kann man im Laden die kaltgepreßten Olivenöle der großen italienischen Olivenölfirmen kaufen, die den Namen «Extra Vergine», «Jungfrauenöl» tragen. Ich habe einen Ernährungswissenschafter gefragt, wie dieses Olivenöl zu beurteilen ist. Er hat mir auch seinen wissenschaftlichen Wert bestätigt: obwohl es nicht so viele mehrfach ungesättigte Fettsäuren enthält wie zum Beispiel das kaltgeschlagene Sonnenblumenöl, besitzt es die Eigenschaft, u. a. Cholesterin abzubauen. Nun gibt es unterschiedliches Cholesterin im Körper, solches, das der Körper braucht und solches, das er nicht braucht und in seinen Gefäßwänden ablagert. Während das Distelöl beide Arten von Cholesterin, das «gute» und das «schlechte» abbaut, baut das Olivenöl nur das «schlechte» ab. Und der Ernährungswissenschafter versicherte mir, nach dem neuesten Stand der Wissenschaft könne man einem Menschen mit Cholesterinproblemen nur empfehlen, sparsam Olivenöl zu verwenden, viel Gemüse und Obst zu essen und viele Fische. Aber das ist bereits ein anderes Kapitel.

Bleiben wir beim Olivenöl. Ein griechischer Schriftsteller des Altertums hat geschrieben «zwei Flüssigkeiten sind dem Körper des Menschen angenehm: innerlich Wein und äußerlich Öl.»

Dies erinnert daran, daß das Olivenöl in der Antike das wichtigste Körperpflegemittel überhaupt war. Es pflegte die Haut und schützte sie zum Beispiel gegen Sonnenbrand, und man kann durchaus empfehlen, das genannte «Jungfrauenöl» auch einmal äußerlich zu versuchen. Dabei war das Olivenöl wahrscheinlich nicht das erste Öl, das die Menschen benutzt haben. Man weiß es natürlich nicht genau und man ist auf die spärlichen Zeugnisse aus den Gräbern angewiesen, aber schon vor mehr als 6000 Jahren wurde das Sesamöl von Äypten bis Indien benutzt. Das Sesamöl ist kaltgepreßt ein sehr gutes Speiseöl, und es ist auch heute noch im Angebot unserer Lebensmittelläden. Fast ebenso lange wird in Mesopotamien und Ägypten Leinöl verwendet, mindestens seit dem Zeitpunkt, als die Menschen begonnen haben, Flachs zur Leinenerzeugung zu verwenden, konnten sie auch den Flachssamen auspressen. In Spanien, in Holland und in der Schweiz zeigen Funde, daß man in West- und Mitteleuropa wenigstens seit 5000 Jahren das Leinöl kennt. In Ägypten hat man vor allem Rettichsaatöl benutzt. Aber man hat noch den Samen einer anderen Feldfrucht ausgepreßt, den Samen einer Rübenart, und bis heute spielt das aus diesem Samen gewonnene Öl eine Rolle, auch wegen seines besonderen Geschmacks: das Rapsöl. Manche Leute möchten auf das Rapsöl am Salat unter keinen Umständen verzichten, weil es dem Salat einen ganz besonderen Geschmack verleiht. Das hat es mit dem Walnußöl gemeinsam, das am Salat besonders fein schmeckt. Leider wird es nur allzu schnell ranzig.

Etwa um 2500 v. Chr. hat es auf Kreta mit Sicherheit schon Olivenöl gegeben, denn auf Kreta ist eine wilde Sorte von Olivenbäumen daheim. Man hat dort angefangen, die Ölbäume zu kultivieren. Wahrscheinlich hat man damals schon auf Kreta die gleiche Art der Ölgewinnung benutzt, die von den Bauern dort auch heute noch angewendet wird. Die Oliven werden mit heißem Wasser übergossen und saugen sich voll. Dann wird gepreßt, und die Wasser-Öl-Mischung fließt in flache Kufen. Dort sammelt sich das Öl oben, die Kufen haben unten einen Hahn, man läßt das Wasser abfließen und erhält so das reine Öl. Kreta, Syrien und Palästina waren Ausgangspunkt und Zentrum der frühen Ölkultur. Über Griechenland kamen die Ölbäume nach Italien und verbreiteten sich weiter im gesamten Mittelmeerraum. Es gibt heute 30 Sorten. Der Baum trägt in jedem zweiten Jahr Früchte. Darum muß man die Kulturen so anlegen, daß in jedem Jahr die Hälfte der Bäume Früchte trägt. Der Baum verträgt keine extremen Temperaturen, und man sagt und die Erfahrung belegt es, er wächst nur dort, wo die Luft des Mittelmeeres weht. Von Oktober bis Dezember wird geerntet. Die Oliven werden von Hand gepflückt oder mit Stangen herabgeschlagen. Wer jemals auf Kreta war, kennt die riesigen Ölbaumkulturen, von denen heute viele nicht mehr abgeerntet werden, weil es an Arbeitern fehlt und weil es in der EG auch einen Ölsee gibt. Olivenöl und Oliven sind zusammen mit Brot, Käse, Salz und Wein die Grundnahrungsmittel der einfachen Menschen am Mittelmeer. Olivenöl gilt bis heute als Träger göttlicher und heilender Kräfte. Das Kind wird bei der Taufe gesalbt, und es heißt, man dürfe es nicht küssen, ehe es gesalbt sei. Mit der heiligen Salbung, der Myronsalbung, wird das Kind in die orthodoxe Kirche aufgenommen. Kranke werden gesalbt, Sterbende werden gesalbt, Könige erhalten durch die Salbung ihre Weihe. In der Schweiz wird die Schwelle des Hauses des Bräutigams mit Öl gesalbt, in Italien wirft man an Weihnachten Ölzweige ins Feuer «so viel Söhne, so viel Ferkel, so viel Lämmer». In Baden nehmen schwangere Frauen geweihtes Öl im Namen Jesu ein, zum Heil für das ungeborene Kind. Kindern, die nicht sprechen lernen, bestreicht man die Zunge mit geweihtem Öl. Epileptiker und Besessene werden gesalbt. Bei Viehseuchen macht man dem Tier ein Kreuz mit geweihtem Öl auf Stirn und Rücken, und das Öl aus den Öllampen vor den Tabernakeln (Ewiges Licht) gilt als wirksam gegen viele Krankheiten.

Aber auch die Hexen benutzen das Öl. Sie nehmen von dem Tauföl und bestreichen ihre Lippen, um die Männer, die sie küssen, besser verführen zu können. Am Mittelmeer glaubt man, daß, wenn man Öl ins Wasser gießt, Geister und Dämonen sichtbar werden. Als es mir vor Jahren einmal in Thessalien besonders schlecht ging, riet mir ein griechischer Freund, die Frau des Pfarrers aufzusuchen. Sie brachte eine Schüssel mit Wasser und die Ölflasche, und sie ließ mich Öl in das Wasser spritzen, und dann teilte sie mir mit, ich sei von einer Frau verhext worden. In diesem Augenblick läutete das Telefon. Am Apparat war die einzige Frau, die in meinen Augen für derlei Hexerei in Betracht kam.

107

Die Papathia goß das Wasser mit dem Öl zum Fenster hinaus, und im gleichen Augenblick waren meine Probleme verschwunden.
Olivenöl. Öl vom heiligen Baum der Athene, Symbol des Friedens. Im Alten Testament Ausdruck göttlichen Schutzes, im Koran, Sinnbild göttlichen Segens. Was kann ein Nahrungsmittel mehr sein?
Als die Arche Noah auf dem Ararat gestrandet war, schickte Noah eine Taube aus, um zu erfahren, ob die Wasser der Sintflut sich verlaufen hätten, und sie kehrte zurück und trug einen Ölzweig im Schnabel als Sinnbild des Friedens. Der einzige Preis für die Sieger in Olympia war ein Zweig vom heiligen Ölbaum. Bis heute werden von der Kirche Ölzweige geweiht zum Schutz gegen alle Krankheiten, gegen Fieber, gegen Gewitter, Feuer, böse Geister, Hexen, Ungeziefer und Not.
Und Messias, griechisch «Christos» bedeutet, der mit Öl Gesalbte.

Die Großmutter wußte:

— Salat *wäscht* man am besten unter fließendem Wasser und läßt ihn dann nur noch einige Minuten in Salzwasser liegen. Das Salz bewirkt, daß eventuell doch noch an den Blättern haftendes Ungeziefer (Schnecken) sich lösen und auf den Boden sinken.

— Wenn man *Blattsalat kleinschneidet,* wäscht man die Blätter zuerst, schwingt sie trocken und schneidet dann. Dadurch vermeidet man das Auslaugen der Vitamine.

— *Welken Blattsalat* kann man wieder knackig machen, wenn man die gewaschenen Blätter eine Viertelstunde in handwarmes Wasser legt. Ernährungsapostel heben hier den Finger: die Vitamine werden dabei ausgelaugt. Sparsame Hausfrauen werden aber für diesen Tip trotzdem dankbar sein.

— Gewaschenen Salat muß man *trockenschwingen.* Hat man keine Salatschwinge, genügt es, die Blätter in ein sauberes, trockenes Küchentuch zu legen, dieses zuzuknoten und den Salat so zu schleudern. Macht man das nicht, verwässert sich die Sauce zu sehr.

— Salatöl imprägniert die Blätter, d. h. macht sie für die Sauce weniger aufnahmefähig. Deshalb: Salatsauce mit den Zutaten *außer* *Öl* mischen, das Öl auf den Tisch stellen, damit jeder nach seinem Gutdünken davon nehmen kann.

— Wenn man den Salat *unangemacht* auf den Tisch stellt, die Sauce und das Öl extra reicht, vermeidet man Salatreste, die man wegwerfen muß (Ausnahme: Salate, die «ziehen» müssen).

— *Bittere Salate* schmecken möglichst feingeschnitten besser. Gepreßter Knoblauch gehört in die Sauce. Dieser Salat sollte eine Stunde vor dem Servieren angemacht und an einen warmen Ort gestellt werden. Er sieht dann allerdings nicht mehr so schön aus, schmeckt aber viel besser. – Hartgekochte Eier vermindern die Bitterkeit von Salaten (z. B. Löwenzahnsalat).

— *Schnittlauch* gibt man am einfachsten zur Salatsauce, indem man ihn mit einer Schere kleinschnipselt. Und wenn wir schon beim Schnittlauch sind: Ihn schneiden, bevor sich Blütenstände entwickeln, waschen, gut trocknen (wichtig! sonst ist er nicht mehr rieselfähig), kleinschneiden, in Marmeladeglas mit Schraubdeckel geben, tiefkühlen. So hat man immer verwendungsbereiten Schnittlauch zur Hand.

Salatwürzen und -Kräuter

Würzen:
Salz
Pfeffer
Senf
Ketchup
Tomatenpüree
Rahm, sauer und süß
Mayonnaise
Joghurt
Sesam
Tabasco
Sojasauce
Worchestersauce

Meerrettich
Kapern

Kräuter:
Zwiebel
Zwiebelröhrchen
Knoblauch
  (eventl. nur Ausreiben der
  Schüssel mit Knoblauch)
Schnittlauch
Petersilie
Dill
Estragon

frischer Koriander
Liebstöckel
Kerbel
Bohnenkraut
Gurkenkraut
Minze
Thymian
Zitronenmelisse
Basilikum
Fenchelgrün
Oregano
Portulak
Pfefferminze

Von Öl und Essig

Öl und Essig sind es, die einen Blattsalat zu einer Delikatesse machen – oder ihn verderben können. Deshalb lohnt es sich, die Vor- und Nachteile einzelner Öle und Essigarten zu kennen:

Öl

Öl muß dunkel bei Zimmertemperatur aufbewahrt werden. Bei Temperaturen unter 6° flockt es aus, klärt sich aber bei etwas wärmerer Lagerung wieder.

Olivenöl

Die Qualität «extra vierge» oder «extra vergine» ist vorzuziehen (ist aber auch die teuerste). Sie wird aus kaltgepreßten Oliven gewonnen und ist naturrein. Dieses Öl ist grünlich, geruchlos, sein Geschmack fruchtig. Es ist ein Jahr haltbar. Das naturreine Öl kann mit der Zeit einen Bodensatz bilden, was aber weder der Bekömmlichkeit noch dem Geschmack abträglich ist.

Sonnenblumenöl

Auch hier ist das kaltgepreßte am gehaltvollsten. Haltbarkeit: höchstens sechs Monate.

Rapsöl

Raps wird in der Schweiz und in Süddeutschland angebaut. Es hat einen neutralen Geschmack. Haltbarkeit: höchstens sechs Monate.

Baumnußöl

Hat einen starken Eigengeschmack, sollte sparsam verwendet werden. Macht aber zum Beispiel einen Nüssli- oder Löwenzahnsalat zum Festschmaus. Nur kleine Quantitäten einkaufen, da höchstens zwei Monate lagerfähig. Übrigens: Reines Baumnußöl ist ein ausgezeichnetes Sonnenschutz- und Bräunungsöl!

Sojabohnenöl
Ist sehr dünnflüssig, von neutralem Geschmack, gut haltbar.

Kräuteröle
Mit ihnen läßt sich auf interessante Weise experimentieren. Grundsatz: wenn man Kräuteröl verwendet, nimmt man neutralen Essig dazu – und umgekehrt. Man gibt zum Beispiel mit Vorteil an sich trockene Kräuter wie Rosmarin, Thymian, Majoran, Salbei in eine Flasche, füllt mit dem Öl auf, verschließt die Flasche, läßt sie mindestens 14 Tage an einem dunklen Ort stehen. Hie und da schütteln. Die Flasche nach Ölentnahme immer wieder mit Öl auffüllen, damit die Kräuter nicht schimmeln, oder aber beim erstmaligen Gebrauch die Kräuter entfernen. Mit eher wasserhaltigen Kräutern macht man besser Kräuteressig (siehe nächsten Abschnitt).

Wie man Weinessig selbst macht
Man schwenkt in einer 2 Liter Flasche mit weiter Öffnung, – etwas guten Weinessig, so, daß die gesamte Fläche der Flasche mit dem Essig berührt wird, und läßt ihn eintrocknen. Das wiederholt man dreimal. Dann füllt man die Flasche mit ¼ l dieses Essigs, gibt 1½ l warmen Landwein dazu sowie ein Stück mit Pfefferkörnern bestecktes Roggenbrot. Dann verschließt man die Flasche mit einem luftdurchlässigen Gazestück. Man stellt die Flasche an einen warmen Ort. Aus dem Roggenbrot wird sich eine Essigmutter bilden. Eine Essigmutter sieht übrigens aus wie ein gallertartiger Pilz. Man zieht den Essig zum Gebrauch von Zeit zu Zeit in Flaschen ab und füllt wiederum warmen Wein nach.
Einmal im Jahr muß die Essigmutter gereinigt werden. Man schüttet den Essig ab, spült die Essigmutter im kalten, fließenden Wasser, gibt beides wieder zurück in die ebenfalls gut ausgewaschene Essigflasche.
Genau wie Sauerteig soll man ein Stück Essigmutter einer lieben Person schenken. Das erhält die Freundschaft.
Zuerst den eigenen Essig herstellen, diesen dann in *Kräuteressig* umwandeln: ein Hobby, das (noch) viel zu wenig bekannt ist!
Für Kräuteressig verwendet man am besten wasserhaltige Kräuter wie Dill, Petersilie, Majoran, Zitronenmelisse. Aber nicht Basilikum. Bei ihm bleibt der Geschmack in Öl besser enthalten.
Wenn man Kräuteressig für den Salat verwendet, nimmt man dazu ein möglichst geschmacksneutrales Öl – sonst gibt es nicht nur Salat, sondern auch Kräutergeschmackssalat – und das wäre schade.
In feinen Rezepten der Großmutterküche fehlte auch der *Himbeeressig* nicht – den die Erfinder der Nouvelle Cuisine wieder zu Ehren haben

kommen lassen. Auch dieser läßt sich selbst herstellen:
Man nimmt zwei Kilogramm der Himbeerrückstände, die beim Einkochen von Gelee oder Sirup anfallen (natürlich könnte man auch frische Himbeeren nehmen), gibt sie in ein Keramik- oder Glasgefäß, übergießt mit soviel Rotweinessig, daß die Beeren gut bedeckt sind, läßt dies 3 Wochen an der Sonne oder an einem warmen Ort stehen. Abseihen, pro Liter Flüssigkeit 100 g Zucker zugeben, ¼ Std. köcheln, filtrieren, in gut verschließbare Flaschen abfüllen, kühl und dunkel lagern.
Die Krone des Essigs aber ist «*Aceto balsamico*» – *Balsamessig,* für dessen Herstellung ich leider kein Rezept gefunden habe. So weiß ich bloß, daß dieser Rotwein-Essig über Jahre hinaus in Eichenfässern gelagert wird. Man sollte ihn sich als Andenken an eine Reise nach Italien kaufen. Zu verwenden, wenn man zu einem besonderen Tag einen ganz besonderen Salat mischen will.

Salade niçoise

In zehn alten französischen und italienischen Kochbüchern habe ich die Rezepte für Salade niçoise verglichen. Nur wenige Zutaten sind in allen enthalten, nämlich Sardellenfilets, Senf, Olivenöl, Salz und Pfeffer. Sonst variieren sie von gekochten Bohnen, Bleichsellerie, belgischer Endivie, hartgekochten Eiern, Gurken, gekochten Kartoffeln, Kopfsalat, grünen und schwarzen Oliven, Paprikaschoten, Karotten, Tomaten, Sellerieknollen, Knoblauch bis zu Zwiebeln, Basilikum, Thunfisch in Öl, Essig und Pfeffer.
Mein Vorschlag: die obenerwähnten, in der Küche vorhandenen Zutaten lagenweise in eine große Schüssel geben, übergießen mit einer Salatsauce aus

4 EL Olivenöl,
2 – 3 EL Rotweinessig
1 KL Senf
   Salz und Pfeffer

Salatsaucen

Ein schwieriges Unterfangen, Rezepte für Salatsaucen anzugeben! Vor allem schaffe ich es nicht, nur weil «man» es so macht, eine Zutat zu erwähnen, die mir selbst nicht schmeckt, z. B. den Zucker im Salat. Da streike ich schlicht und einfach. Scheint mir eine Salatart zu bitter, dann lasse ich die geschnittenen Blätter ein paar Minuten lang in lauwarmem Wasser liegen, gebe der Sauce unbedingt Knoblauch bei und lasse das ganze dann ziehen. Die Salatblätter sehen dann wohl etwas welk aus. Aber meine Gerichte sollen vor allem gut *schmecken*. Natürlich heißt es auch bei uns «Auge ißt mit» – doch dieser Leitspruch ist sekundär. «Teller leergegessen» ist wichtiger.

Nun also zu den Salatsaucen:

Zarte Blattsalate (z. B. Brunnen- und Gartenkresse) ohne Öl anmachen, z. B.

> *1 EL Milch*
> *1 KL Zitronensaft*
> *1 Spritzer Maggiwürze*
> *Salz, Pfeffer*

Standard-Salatsauce, für eine Salatportion für 4 Personen:

> *3 EL Öl*
> *1 – 2 EL Essig*
> *Salz, Pfeffer*

je nach Salatart, Lust und Laune weitere Würzen oder Kräuter.

Schelten Sie mich nicht, weil die Essigmenge nicht genau vermerkt ist. Sie hängt sehr davon ab, welchen Essig Sie verwenden und welchen Geschmack Ihre Lieben und natürlich Sie selbst haben. Es lohnt sich, das «Essig-Öl-Verhältnis» genau zu testen und sich dann einen Fertigvorrat anzulegen, indem man Essig und Öl statt eßlöffelweise deziliterweise in eine Flasche gibt und mit Salz und Pfeffer würzt. Die restlichen Zutaten zur Sauce gibt man von Fall zu Fall bei.

Essig als Medizin

Daß Fußwickel aus Essigwasser fiebersenkend wirken, ist jenes Großmutter-Hausrezept, das sich wohl am ehesten in die neue Zeit hinübergerettet hat.

Ein *Fieberkranker* wird auch dankbar sein, wenn man ihm die Stirn mit einem Tuch abwischt, das in ein leichtes Essigwasser getaucht wurde.

Die *Apfelessig-Kur* nach Dr. Jarvis, der alte Vermonter Hausheilmittel sammelte, darf hier nicht unerwähnt bleiben: Täglich nüchtern trinkt man ein Glas Wasser, in dem man 2 KL Apfelessig und 2 KL Honig aufgelöst hat. Das erhält jung, beugt Alterserscheinungen vor.

Schönheitspflege mit Essig, Kopfsalat, Olivenöl

Deodorant

0,5 l Obstessig
30 g Thymian getrocknet oder
30 g Lavendel getrocknet

Das getrocknete Kraut in eine Emaille- oder Porzellanschüssel geben (keinesfalls Metall!), den bis knapp vor den Siedepunkt erhitzten Essig darüberschütten, über Nacht stehen lassen, abseihen.
Dieses Deodorant hemmt die Schweißabsonderung nicht, verhindert aber den Schweißgeruch.

Gesichtsmaske für trockene, strapazierte Haut, gegen Falten

Gewaschene Kopfsalatblätter trockentupfen, mit gutem Olivenöl beträufeln, auf das mit lauwarmem Wasser gereinigte Gesicht legen, ein mit warmem Wasser befeuchtetes Gazetuch darüber legen, 20 Min. einwirken lassen, mit lauwarmem Wasser abwaschen.

Brüsseler Chicorée im Garten

Ich bin bestimmt nicht die einzige, der es immer wieder neuen Spaß macht, selbstgezogene Gemüse und Salate zu essen. Am allermeisten Spaß macht das mit Pflanzen, die man mitten im Winter ernten und verzehren kann. Abgesehen von Sprossensalaten ist dies vor allem der Brüsseler Chicorée. Dabei habe ich an interessierte Mitgärtnerinnen Tips zu geben, die aus meiner eigenen Erfahrung stammen und die ich noch in keinem Gartenbuch gefunden habe. Was man unbedingt für die Chicorée-Anzucht braucht, sind ein kühler dunkler und ein warmer dunkler Raum.

Man sät den Chicorée im April, am besten in sandigen, mit Kompost gedüngten Boden. Nach dem Aufgehen erdünnert man so, daß alle 6 cm ein kräftiges Pflänzchen stehen bleibt. Beet von Unkraut befreien, mulchen mit Rasenabfall oder Stroh. Jeden Monat düngt man einmal mit Brennesseljauche.

Anfangs Oktober gräbt man die Pflanzen aus, die 15 – 20 cm lange Wurzeln gebildet haben. Den Blattschopf schneidet man 2 cm über der Wurzel ab. Diese Blätter sind für Menschen ungenießbar, da außerordentlich bitter. Kaninchen, Schafe und Esel fressen sie mit Vergnügen. Natürlich kann man sie aber kompostieren. Um den Winterbedarf einer vierköpfigen Familie zu decken, braucht man sechzehn 25 cm hohe Blumentöpfe oder starke Kartonschachteln mit ähnlichen Maßen. Man füllt eine 5 cm hohe

Schicht Erde ein, dann pflanzt man, indem man sie mit Erde umgibt, 5–6 Wurzeln in jeden Topf und beachtet, daß die abgeschnittenen Blattschöpfe auf gleicher Höhe nur noch knapp mit Erde bedeckt sind. Man stellte sie in den kühlen, möglichst dunklen Keller. Wir haben auch mit Wurzeln, die wir bis Ende Februar dort lagerten, gute Ernten erzielt.

Ab November bringt man jede Woche einen Topf vom kühlen in den warmen, dunklen Raum, hält die Wurzeln durch wöchentlich zweimaliges Überbrausen mit lauwarmem Wasser feucht. Die Schoße brauchen etwa drei Wochen, um geerntet werden zu können. Man schneidet die Chicorée-Zapfen bodeneben ab. Die Wurzeln treiben nochmals nach. Die zweite Ernte ist aber viel geringer. Nachher bringt man sie auf den Komposthaufen.

Was unsere Urgroßmutter noch nicht kannte: Die Tomate

Meine Mutter war eine gute Hausfrau und Köchin. Das Letztere hatte sie sogar als Beruf gelernt. Sparsam haushalten hat sie zeit ihres Lebens müssen, denn mein Vater hat nicht sehr viel Geld verdient, und als er tot war, mußte meine Mutter uns beide mit einer mehr als bescheidenen Rente durchbringen. Das war dann auch die Zeit des Krieges und der Nachkriegszeit, wo Geld noch nicht einmal etwas genützt hätte. Aber meine Mutter hatte immer einen Garten, in dem sie nicht nur unser Gemüse und unsere Kartoffeln anpflanzte, sondern dessen Erzeugnisse sie auch verkauft hat. Natürlich wurde eingemacht für den Winter, was sich einmachen ließ. Bohnen wurden sterilisiert, aus dem Weißkraut wurde Sauerkraut, aber die wichtigste Rolle spielten die Tomaten. Mit Hilfe der Tomaten hat meine Mutter selbst in den schlimmsten Nachkriegszeiten immer noch schmackhaft kochen können. Wenn die Tomaten reif waren, wurden sie gekocht, durch ein Sieb passiert, damit die Häute und Strünke zurück blieben, und das Püree wurde in Bierflaschen gefüllt. Diese Bierflaschen wurden sterilisiert. In den Jahren 45, 46, 47, in den Jahren, als unsere heutigen französischen Freunde noch rachgierige Besatzer waren, hat meine Mutter jeweils über 100 Bierflaschen mit Tomatenpüree im Keller gehabt und im Laufe des Jahres verbraucht. Aus Tomatenpüree wurden Saucen und Suppen gemacht, mit Tomatenpüree hat sie spärliche Fleischrationen gestreckt, Tomatenpüree hat das Öl im Salat ersetzt.

Nun kann man sich gar nicht vorstellen, wie man heute kochen würde ohne Tomaten. Alle die herrlichen Gerichte, die wir aus der Mittelmeerküche übernommen haben, wären unmöglich: kein Tomatensalat, keine Spaghetti nach Neapler Art. Man meint, Tomaten würden zum Mittelmeer gehören wie Spaghetti. Dabei stimmt es für die Spaghetti so wenig wie für die Tomaten. Die Spaghetti soll der Chinareisende Marco Polo im 13. Jahrhundert nach Italien gebracht haben, und die Tomaten kamen nachweislich überhaupt erst nach der Entdeckung Amerikas nach Europa.

Schon um 1550, also knapp 50 Jahre nach Kolumbus' erster Reise, ist in Pflanzenbüchern von der «Tomatl» die Rede. Der Name, man sieht es ihm an, stammt von den Indianern Mexikos, und die hatten die Frucht, die eigentlich eine Beere ist, bereits so lange gezüchtet, daß man bis heute noch keine Wildform der Tomate gefunden hat. In Peru, so sagt man, soll ihre Heimat sein, aber die Indianer Mexikos haben bei der Ankunft der Spanier bereits große, fleischige Tomaten gezogen.

Der Empfang der Tomate in Europa war nicht weiter stürmisch, denn man hielt sie einfach für giftig. Sie ist ein Nachtschattengewächs, das hat sie mit ein paar giftigen Pflanzen gemeinsam und das brachte sie in Verruf. Sie teilte das Schicksal zunächst mit einer anderen, ebenso wertvollen Pflanze aus Amerika, der Kartoffel, die auch ein Nachtschattengewächs ist. Zunächst wurde die Tomate also von den Gärtnern wegen ihrer schönen roten Früchte gepflanzt, und 1774 schrieb ein Botaniker: «Das ganze Gewächs hat einen ekelhaften Geruch, die Gärtner bedienen sich der Früchte zu Bouquetten», was da wohl nichts anderes heißt als bunt angepflanzte Blumenbeete. Bis um die Jahrhundertwende spielte die Tomate in der Küche keine Rolle. Mein dickes Kochbuch «Anweisungen in der feineren Kochkunst mit besonderer Berücksichtigung der herrschaftlichen und bürgerlichen Küche» aus der Mitte des 19. Jahrhunderts enthält nur ein einziges Rezept mit Tomaten, ja, die Tomate wird noch nicht einmal erwähnt, wohl aber die Paradeiser, was allerdings dasselbe ist. Erst seit dem Beginn unseres Jahrhunderts werden Tomaten bei uns in größerem Maße angebaut und natürlich auch konsumiert.

1913 wuchsen in Deutschland erst auf 25 ha Freilandtomaten, 1937 bereits auf 2000 ha.

Lange Zeit war die Tomate etwas, auf das man vom Herbst bis zum Frühjahr verzichten mußte. Wie habe ich in jedem Jahr auf die ersten frischen Tomaten gewartet. Meine Mutter liebte sie wie ich. Sobald es die ersten frischen Tomaten gab, kaufte meine Mutter ein großes Stück Backsteinkäse (wer weiß noch, was das ist?), und dann gab es Backsteinkäse mit frischen Tomaten. Ein Fest. Bier hat meine Mutter dazu getrunken. Sie trank sonst nie Bier. Und Tomatensalat hat sie gern gegessen mit Fleischwurst gemischt und vielen Zwiebeln. So einfache Dinge liebte meine Mutter, die sonst raffiniert zu kochen wußte. Ach, könnte ich noch einmal bei meiner Mutter essen!

Aber zurück zu den Tomaten. Heute gibt es das ganze Jahr über Tomaten, aber was ist das für Zeug? Sie kommen aus den Treibhäusern, wo sie mit viel kostbarer Energie zu faden, wäßrigen Gewächsen herangezogen werden, und das sogar noch zu einem Zeitpunkt, wo auf Kreta und Zypern die herrlichsten, wirklich nach Tomaten schmeckenden Tomaten geerntet werden. Was ich nicht begreife, ist, warum ich diese wirklichen Tomaten bei uns nicht kaufen kann. Wem das Treibhauszeug schmeckt, der soll's in Gottes Namen essen. Aber anbieten sollte man die richtigen Tomaten doch.

Ich vermute, die Treibhaus-Lobby will dafür sorgen, daß der Geschmack an Tomaten auf ihre kraftlosen Produkte gelenkt wird und daß ja niemand die Möglichkeit hat, ihre sogenannten Tomaten mit richtigen Tomaten zu vergleichen. Dann kommt noch hinzu, daß offenbar aus ästhetischen Gründen immer mehr kleine, runde, glatthäutige Tomaten angeboten werden, während doch die großen Fleischtomaten viel besser schmecken. Von allem Anfang an hatten die nach Europa gebrachten Tomaten große Früchte. Sie bekamen übrigens den Namen «Liebesäpfel». Wahrscheinlich, weil sie so schön rot waren und rot die Farbe der Liebe ist. Und deshalb heißen sie auch heute noch in Österreich «Paradeiser», was nichts anderes heißt als Paradiesäpfel. Und so erscheinen sie mir, der ich frische Tomaten wahnsinnig gerne esse, und zwar am liebsten so: in kleine Stücklein geschnitten, auf einem Teller, mit etwas Salz bestreut und Pfeffer und jeweils einem Tropfen Olivenöl. Ein Stück Bauernbrot gehört für mich dazu und ein Glas Rotwein.

Die Großmutter wußte:

— Man kann Tomaten leicht *schälen,* wenn man sie auf einer Schaumkelle einen Moment in kochendes Wasser hält und dann oben kreuzweise einschneidet
— Tomaten behalten ihre *Umgebungstemperatur* lange. Deshalb Tomaten nicht aus dem Keller (oder Kühlschrank) direkt auf den Tisch bringen (zu kalter Tomatensalat schmeckt abscheulich). Umgekehrt: Tomatenspeisen, die aus dem Ofen kommen, nicht auf vorgewärmten Tellern anrichten.
— *Grüne Tomaten* werden rot, wenn man einen Apfel dazu legt
— *Grüne Tomaten* reifen langsam nach, wenn man sie am Stengel beläßt, diese bodeneben abschneidet, die Blätter entfernt und die Pflanze kopfüber an einem warmen Ort aufhängt
— Reife Tomaten lassen sich schöner *schneiden,* wenn man sie vorher in kaltes Wasser legt
— In Tomatensauce auf italienische Art gehört immer eine Prise *Zucker*
— Je *länger* man italienische Tomatensauce kocht, desto mehr schmeckt sie «nach südlicher Küche».

Rezepte mit Tomaten

Pizzaiola-Sauce

Diese Sauce bildet die Grundlage zu den verschiedensten Pizza-Rezepten, kann auch für Tomatenspaghetti verwendet werden. Man schafft sich am besten einen Vorrat, wenn der Garten überquillt oder wenn die Tomatenpreise am niedrigsten sind, indem man die Sauce kocht, in rechteckigen Gefäßen tiefgefriert, sie durch kurzes Eintauchen des Gefäßes in heißes Wasser aus jenem herauslöst, in Plastikfolie verpackt, vakuumverschließt und die Tomatenziegel im Tiefkühler lagert. Auf diese Weise schaffe ich es seit Jahren, meinen Haushalt mit Tomaten zu versehen, ohne je kaufen zu müssen.

2 EL Olivenöl
2 kg Tomaten, den Ansatzstrunk weggeschnitten, die kleinen geviertelt, die größeren geachtelt
1 EL Salz

Das Öl warm werden lassen, die Tomaten beigeben, 10 Minuten auf kleiner Flamme dämpfen. Gut umrühren, sonst brennt die Sauce an, salzen, abfüllen.

Pizza Margherita

Teig:

½ Hefewürfel, lauwarmes Wasser
500 g Mehl
1 Kl Salz
½ dl Olivenöl

Die Hefe mit etwas lauwarmem Wasser auflösen. Das Mehl in eine Schüssel sieben, das Salz und das Öl dem Rand entlang beigeben, im Mehl eine Vertiefung machen, die Hefe hineinschütten, Mehl und Hefe durch Zugabe von mehr Wasser zu einem geschmeidigen, glatten Teig kneten, diesen mit einem feuchten Tuch zugedeckt an einem warmen Ort ums Doppelte aufgehen lassen, entweder ein rechteckiges Kuchenblech oder vier Bleche (mit Durchmesser 22 cm) damit belegen, dabei ringsum einen Wulst formen. Den Teig einstechen.

Belag:

1 EL Olivenöl
1 gehackte Zwiebel
1 gepreßte Knoblauchzehe
½ l Salsa pizzaiola oder 1 Dose Pelati, abgetropft
2 Mozzarella-Käse
2 EL Basilikum-Blätter, fein gehackt
Salz, Pfeffer

Das Olivenöl heiß werden lassen, Zwiebeln und Knoblauch darin andünsten, Pizzaiola-Sauce beigeben, 15 Min. köcheln. Auf den Teigboden geben. Die restlichen Zutaten auf der Pizza verteilen, in den ganz heißen Backofen schieben und 20 – 25 Min. backen.

Weitere Pizza Varianten:

Neapolitanische Pizza

½ l Pizzaiola-Sauce oder 1 Dose Pelati, abgetropft
90 g Sardellen
2 Mozzarella-Käse
1 EL getrockneten Oregano
Salz, Pfeffer

Gemüsepizza

½ l salsa pizzaiola oder 1 Dose Pelati, abgetropft
1 Lauchstengel
2 rote oder grüne Peperoni
1 Zwiebel
eine Handvoll Petersilienblätter
2 Mozzarellakäslein
2 EL Olivenöl
Salz, Pfeffer
1 EL Oregano

Die Zutaten in der erwähnten Reihenfolge auf den Pizzzaboden bringen, ¼ Std. auf 200°, ¼ Std. auf 250° backen.

Getrocknete Tomaten in Öl
Man viertelt durchgereifte Fleischtomaten, entfernt die Kerne und den Saft (kann man für Ketchup verwenden), legt sie auf einen Gitterrost (z. B. Backofengitter), bestreut sie mit grobem Salz. Wenn das Salz keine Flüssigkeit mehr zieht, legt man die Tomatenstücke auf ein Holzbrett, das man in die Sonne stellt. Sie brauchen drei bis vier Tage, um gut durchzutrocknen (nachts natürlich nicht im Freien lassen). Wer will, kann die Trocknung auch im Backofen bei 50° durchführen, aber energiebewußte Hausfrauen ziehen die Sonne vor.

Die getrockneten Tomaten legt man in saubere, trockene Gläser, bestreut sie lagenweise mit schwarzem, grob gemahlenem Pfeffer, dazu 1–2 Gewürznelken, 1 Lorbeerblatt und 1 geschälte Knoblauchzehe pro Glas beigeben. Mit gutem Olivenöl auffüllen. Die unverschlossenen Gläser werden an einen kühlen, trockenen Ort gestellt, mit einem Tuch bedeckt und täglich kontrolliert. Man schüttet täglich Olivenöl nach, bis die Tomaten vollkommen ölgetränkt sind und nicht mehr an die Oberfläche steigen. Man achtet darauf, daß das Öl einen Zentimeter über den Tomaten steht, verschließt die Gläser und lagert sie trocken, kühl und dunkel.

Das Rezept mag kompliziert scheinen. Die Arbeit lohnt sich aber. Man ißt diese Tomaten als Beilage zu Käse, Wurst, Siedfleisch.

Ketchup
- *1 EL Sonnenblumenöl*
- *2 Zwiebeln, fein gehackt*
- *3 Knoblauchzehen gepreßt*
- *3 kg gut reife Tomaten (eventuell das Fruchtmus vom vorigen Rezept), geviertelt*
- *5 dl Rotweinessig*
- *4 EL Zucker*
- *2 EL Salz*
- *1 KL Piment*
- *1 KL weißer Pfeffer*
- *1 KL Zimtpulver*
- *½–1 KL Nelkenpulver*
- *1 KL Ingwerpulver*
- *2 EL Sonnenblumenöl*

Das Öl heiß werden lassen, Zwiebel und Knoblauch leicht dämpfen, die Tomaten zugeben, alles 10 Min. durchdämpfen. Den Tomatenbrei durchs Passevite geben, die Gewürze beifügen, sprudelnd heiß kochen, bis die gewünschte Konsistenz erreicht ist, in ganz saubere Flaschen mit Bügelverschluß abfüllen. Obendrauf eine ½ cm hohe Schicht Sonnenblumenöl. Kühl, trocken und dunkel aufbewahren.

Tomatensalat Tessiner Art

    1 kg *fleischige Tomaten, am besten noch etwas grün, geachtelt*
    150 g *Salami, den man am Stück kauft und in Würfel schneidet*
    1 *Zwiebel, fein gehackt*

Sauce:
    3 – 4 EL *Rotweinessig*
    5 EL *Olivenöl*
    1 EL *Petersilie, fein geschnitten*
    1 *Knoblauchzehe, gepreßt*
    Salz
    grob gemahlener schwarzer Pfeffer

Tomaten, Salami und Zwiebel in eine Schüssel geben, vermischen, mit der Sauce übergießen, eine halbe Stunde ziehen lassen.

Gazpacho

    6 *mittelgroße Tomaten, geviertelt*
    ½ *Gurke, geschält, gescheibelt*
    3 *mittelgroße Zwiebeln, grob gehackt*
    2 *Knoblauchzehen, gepreßt*
    1 *grüne Paprikaschote, in Streifen geschnitten*
    ¾ l *fettfreie Fleischbrühe*
    1 KL *Zitronensaft*
    Salz, Pfeffer
    1 EL *frische Butter*
    2 *Scheiben Weißbrot, gewürfelt*
    2 EL *Petersilie, fein gehackt*
    2 EL *Schnittlauch, fein gehackt*

Die ersten fünf Zutaten im Mixer zu einer feinen Paste verarbeiten, Fleischbrühe, Zitronensaft daruntergeben, würzen, kühlstellen.
Die Butter schmelzen, Brot darin braunrösten, auf die Suppe streuen, Gewürze beigeben, servieren in Schüssel, die auf einer mit Eiswürfeln umgebenen Platte steht.

Gefüllte Tomaten kalt

Rohe Tomaten lassen sich mit unendlichen Varianten von Zutaten füllen:

Käsestückchen,
Quark mit Kräutern,
Wurststückchen.
Rohen oder gekochten Schinken,
in Würfel geschnitten
Thunfisch aus der Dose, zerzupft
Harte Eier, mit der Gabel zerdrückt, vermengt mit Sardellenbutter, Mettwurst, Kräutern
Sardinen, zerzupft, mit Cornichonstückchen vermischt und ... und ... und ...

Tomatenspaghetti

Sauce:

- 1 EL Olivenöl
- 50 g Speckwürfel
- 1 Zwiebel, fein gehackt
- 2 Knoblauchzehen, gepreßt
- ½ l Salsa pizzaiola oder eine Dose Pelati, abgetropft
- 2 EL Tomatenpuree
- 1 KL Zucker
- 1 dl Rotwein
- je 1 KL Rosmarin, Salbei, Thymian, getrocknet
- Salz, Pfeffer

Das Olivenöl heiß werden lassen, Speckwürfel, Zwiebel, Knoblauch darin andämpfen. Restliche Zutaten der Reihe nach zugeben, mindestens ½, besser 1 Stunde lang köcheln lassen. Gelegentlich umrühren.

Spaghetti:

    5 l Wasser
    1 EL Salz
    2 EL Olivenöl
  500 g Spaghetti
    2 EL Butterflocken
    1–2 Basilikumblätter
  100 g Parmesankäse, gerieben

Salz und Öl ins Wasser geben, aufkochen, Spaghetti beifügen, umrühren, je nach Spaghettiqualität 7–12 Min. kochen, öfters umrühren. Wasser abschütten, portionsweise in gewärmte Suppenteller anrichten, in der Mitte eine Vertiefung machen, Sauce hineingeben, mit Butterflöckchen bestreuen, Basilikum in die Mitte legen. Geriebenen Parmesankäse dazu servieren.

Tomatensuppe nach Käthi

    1 kg reife Tomaten
    2 kleine Zucchini, in dünne Rädchen geschnitten
    4 Kartoffeln
    3 Frühlingszwiebeln
    2 Knoblauchzehen
    ½ Tasse Olivenöl
    1 Prise Zucker
    Salz, Pfeffer
    2 Lorbeerblätter

Wir geben das Öl in einen Topf und schwitzen darin die kleingeschnittenen Zwiebelchen an. Wir geben die Zucchini dazu und nach kurzer Zeit die in Viertel geschnittenen Tomaten und die Kartoffeln. Wir lassen 10 Minuten dämpfen. Dann gießen wir mit 1 ½ l Wasser auf, geben Pfeffer, Salz, den Zucker, die Lorbeerblätter und den Knoblauch dazu und lassen die Suppe zugedeckt 40 Minuten kochen. Dann entfernen wir die Lorbeerblätter und passieren die Suppe durch oder pürieren sie im Mixer. Sie wird heiß mit Brotstücklein, die wir in der Pfanne geröstet haben, serviert, bestreut mit kleingehackter Petersilie.

Rezept zu diesem Bild auf Seite 131 oben.

Onkel Arthurs Tomatenkonfitüre

1 kg grüne Tomaten waschen, vierteilen
1 kg Zucker
1 ungespritzte Zitrone, mitsamt der
Schale fein gewürfelt
2 Gewürznelken

Den Zucker mittelbraun karamellisieren, die Tomaten beigeben. Anfänglich gut rühren, sonst brennt die Masse an. Nicht verzweifeln, wenn das Ganze wie Schweinefutter riecht! 2 Stunden lang köcheln, die Zitronenwürfel und die Gewürznelken beigeben, nochmals ca. ½ Stunde kochen, Gelierprobe machen, je nach der Tomatensorte muß die Kochzeit noch verlängert werden. Heiß abfüllen, heiß verschließen.

Schönheitspflege mit Tomaten

Wer **brüchiges, schütteres Haar** oder Haarausfall hat, sollte viel Tomaten essen.
Tomatenscheiben, auf das Gesicht aufgelegt, reinigen und entfetten die Haut, sind also bei unreinem Teint zu empfehlen.

Gesichtslotion bei fetter und normaler Haut:
1 Glas frischen Kartoffelsaft
1 Glas frischen Tomatensaft
miteinander vermischen, Wattebausch damit tränken, morgens und abends auftragen. Lotion im Kühlschrank aufbewahren.

Tomaten im Garten

Zehn Tomatenstauden braucht man, um den Sommerbedarf einer vierköpfigen Familie an diesem herrlichen Gemüse zu decken. Die Familie Schweizer verzehrt im Jahr pro Kopf gegen zehn Kilogramm Tomaten. Ich wage die Behauptung, daß in meinem Haushalt mindestens das doppelte Quantum gebraucht wird. In unserem Garten stehen denn auch einhundert Stauden. Seit Jahr und Tag am selben, sonnigsten Standort, gesetzt über einem Büschel ins Pflanzloch gelegte Brennesselstauden, den Stengel durchbohrt mit einem Elektriker-Kupferdraht. Noch nie habe ich irgendwelche Schädlinge an meinen Tomaten gehabt. Ich achte allerdings auch darauf, daß ich beim Gießen das gestandene, sonnenwarme Wasser auf den Wurzelbereich bringe, nicht aber auf die Blätter. Wie Zwiebeln und Karotten pflanze ich die Tomaten in Mischkultur mit Petersilie, Basilikum, Spinat, Lauch, Kohlrabi und Federkohl.
Tomaten hassen die Nachbarschaft von Kartoffeln – vielleicht, weil auch diese Nachtschattengewächse sind. Es soll in den besten Familien vorkommen, daß sich Verwandte nicht lieben!
Etwas, was die Großmutter noch nicht kannte, was ich aber doch warm (im wahrsten Sinne des Wortes) empfehlen kann: ein paar Stauden mit Tomaten-Schutzhüllen aus Plastik zu versehen. Das so geschaffene Treibhaus-Klima beschleunigt die Erntezeit um etwa drei Wochen – vorausgesetzt, man denkt daran, die Stauden, sobald sie blühen, zu schütteln. Sonst findet keine Befruchtung statt.
Auch als Balkonstaude ist die Tomate geeignet. Heute gibt es hierfür sogar extra gezüchtete Sorten.

Was des Menschen Herz erfreut: Der Wein

«... werden Sie mit Wirkung vom 15. Dezember 1952 als Lehrer an die zweiklassige Volksschule in Schelingen versetzt.» In der großen Pause hatte mir der Rektor den blauen Amtsbrief des Schulamtes übergeben.

Ich war seit etwas mehr als einem Jahr Lehrer in Günterstal, einem Vorort von Freiburg, und nun hatte mich das Lehrerschicksal ereilt. Ich mußte weg von Freiburg, weg von den Freunden und Freundinnen, weg von daheim, weg von der Fürsorge meiner Mutter. Es war ein grauer Dezembertag. Jetzt war er noch grauer.

Aber wo um alles lag dieses Schelingen? Nach der Rechenstunde faßte ich Mut, denn jetzt würde ich mich wohl blamieren. Ich hatte ja auch Heimatkunde zu geben und wußte nicht, wo Schelingen liegt! Ich konnte mir den vorwurfsvollen Blick des Rektors richtig vorstellen. Aber er wußte es auch nicht. Nach dem Mittagessen ging ich zu Franz Dirr. Er bekleidete eine untere Position bei der Deutschen Bundespost. Ich sagte: «Franz, mich haben sie in einen Ort versetzt namens Schelingen.» Er lachte brüllend los: «Nach dem Sibirien des Breisgaus haben sie dich versetzt. So was Schönes.» So sind eben Freunde. Er wußte auch, wie man hinkommt: mit einem Transporter der Post, der morgens um halb sechs Freiburg verließ und die Post in alle kleinen Orte des Kaiserstuhls brachte, der nahm auch Passagiere mit.

Als das Auto kurz vor Oberbergen die Landstraße verließ und die letzten 5 Km nach Schelingen über eine damals noch ungeteerte, mit Steinen ausgeflickte Straße, einen besseren Feldweg, zurücklegte, sagte der Fahrer: «Jetzt machen Sie am besten die Augen zu.» Und so wurde ich Lehrer in einem Weindorf. Rektor sämtlicher Schulen, wie man damals sagte, als es diese wunderbaren, später abfällig «Zwergschulen» genannten Einrichtungen noch gab, mit einem Lehrer und 27 Kindern. Aber die Schule blieb im Dorf.

Damals gab es für Lehrer noch die sogenannte Residenzpflicht, d. h. er mußte am Ort seiner Tätigkeit wohnen. Das war eine weise Einrichtung, denn so konnte er über die Schule hinaus in Vereinen, aber auch im direkten Kontakt mit der Bevölkerung als Bildungsinstitution tätig sein. Mir blieb auch gar nichts anderes übrig, wie den meisten meiner Kollegen. Ich verdiente brutto DM 420,—, das reichte gerade aus zum Betrieb und Unterhalt eines Fahrrades.

Schelingen ist ein Weindorf. Damals hatte es noch eine eigene Winzergenossenschaft, deren Erzeugnisse ein eigenes Etikett trugen, und ein Lehrer eines Weindorfes mußte sich mit dem Wein auskennen. Das begann damit, daß mich der Bürgermeister gleich am zweiten Abend auf ein Glas Wein einlud. Wir saßen im Gasthof, und aus dem einen Glas Wein wurden drei Flaschen. Aber der Unglückliche hatte sich verrechnet, der neue Lehrer vertrug bedeutend mehr Wein als er, und so erfuhr der Bürgermeister nicht das, was er wollte, wohl aber ich alles über den Bürgermeister, was ich nicht wollte.

Und damit begann mein Studium des Weines, über dem als warnendes Beispiel das Ende eines meiner Vorgänger stand. Er war 30 Jahre im Dorf und hatte sich so intensiv dem Studium des Weines hingegeben, daß er am Schluß in der Schulstube gegen riesige weiße Mäuse mit wagenradgroßen roten Augen kämpfte, so daß man ihn in eine Heilanstalt bringen mußte. Ich war nur ein halbes Jahr in Schelingen. Allerdings fand das Schulamt scheint's, daß ich der geborene Lehrer für den inneren Kaiserstuhl sei, und so war ich dann auch noch zwei Jahre in Oberbergen, dem als Weinort noch prominenteren und größeren Nachbarort von Schelingen.

Und in Oberbergen lernte ich dann den Mann kennen, dem ich alles verdanke, was ich von Wein weiß, aber auch von einem guten Essen: Franz Keller.

Damals in den frühen 50er Jahren war sein Schwarzer Adler noch eine einfache, wenn auch gut besuchte Dorfwirtschaft. In der Küche waltete seine Mutter und kochte eine hervorragende badische Küche, zum Beispiel mein Leibgericht: Süße Rüben mit Speck. Das hat fast noch besser geschmeckt als bei meiner Mutter, und das will was heißen. Und der Franz handelte mit Vieh und schlachtete noch regelmäßig, denn er ist ja von Haus aus ein Metzgermeister. Heute ist der Schwarze Adler ein Wallfahrtsort der Feinschmecker, hat 2 Sterne im Michelin (in ganz Deutschland gibt es nur 7 solcher Restaurants) und Franz Keller darf sich zumindest rühmen, vernünftigen, echten Kaiserstühler Wein, wie ihn die «Großmutter noch kannte», durch die schlimmen Zeiten des süßen Weines gerettet zu haben. Nur weil es ihn und Männer wie ihn gab, die nicht aufhörten, nach einem traditionell «ausgebauten» Wein zu rufen, können wir heute wieder anständige Weine trinken.

Bei uns daheim gab es immer Wein. Ich habe nur keinen davon getrunken. Meine Mutter bekam von ihrem Bruder, dem Onkel Karl, immer wieder einmal eine Flasche Wein geschickt. Sie nannte ihn ehrfurchtsvoll «Alde Wie» im Gegensatz zum «Neie», und sie trank hin und wieder ein Gläschen, von dem sie behauptete, es täte ihr gut. Onkel Karl war vereidigter Meßweinhersteller und insofern verpflichtet, seinen Wein in höchster Reinheit zu behandeln. Aber dieser Wein vom Onkel Karl!

Bis zu meinem 18. Lebensjahr habe ich gedacht, daß Wein so schmeckt, wie der Wein vom Onkel Karl, nämlich fürchterlich. Und ich glaube, meine Mutter hat ihn auch nur aus medizinischen Gründen getrunken.

Und als der Onkel Doktor ihr auch noch diesen bescheidenen Genuß verbot (hoher Blutdruck), hat sie sicher nicht so sehr darunter gelitten. Andererseits muß ich auch dieses erzählen: Als Onkel Karl 76 Jahre alt war, bekam er plötzlich Lähmungserscheinungen in den Beinen. Die Ärzte stellten eine Geschwulst fest, die auf das Rückgrat drückte. Sie sagten: «Herr Lorenz, wenn sie jünger wären, würden wir Sie operieren, dann würde es wieder gut werden. So ist uns das Risiko zu groß.» Onkel Karl sagte: «Wenn ich nicht mehr arbeiten kann, dann will ich auch nicht mehr leben, operiert mich.» Er kam mit zwei 10-Liter-Korbflaschen voll Wein und 4 Flaschen Schnaps ins Krankenhaus. Die Schwestern schlugen die Hände über dem Kopf zusammen. Aber Onkel Karl machte ihnen klar, daß er täglich seit eh und je 2 Liter Wein trank und jeden Morgen vor dem Kaffee ein halbes Wasserglas voll Schnaps wegen der Zahnhygiene. Onkel Karl wurde operiert, wurde entlassen. Nach einem Vierteljahr wollten die Ärzte wissen, was aus ihm geworden war. Er hatte sich nicht mehr gemeldet. Sie fuhren nach Bollschweil, um ihn zu besuchen. Meine Tante Rosa sagte, er sei beim Kirschenernten. Er stand auf einer 10-Meter-Leiter, hoch in einem Kirschbaum und sagte den Ärzten a) es ginge ihm gut und b) er habe keine Zeit. Er ist 10 Jahre später an etwas völlig anderem gestorben, also so ganz ungesund kann sein Wein nicht gewesen sein. Früher haben die Ärzte oft einem Kranken und Genesenden ein Glas Wein verordnet. Auch körperlich schwachen und alten Menschen. Dann war der Wein plötzlich ungesund.

Heute kann man gelegentlich schon wieder etwas anderes hören. Ich habe jedenfalls gelesen, daß ein Glas leichter, trockener Weißwein den Blutdruck zu stabilisieren vermag, also sowohl den zu niedrigen hebt als auch den zu hohen Blutdruck senkt. Und ich weiß, daß einer der «Herzpäpste» der deutschen Medizin zur Vorbeugung gegen den Herzinfarkt ein tägliches Glas Weißwein empfiehlt, allerdings auch 1 EL Lebertran (Lebertran, hergestellt aus Dorschleber, enthält die sogenannte Linolensäure, die die Gefäße erweitert und den Blutdruck senkt. Linolensäure ist wahrscheinlich eine essentielle Fettsäure, die der Körper unbedingt neben der Linolsäure braucht, weil er sie nicht selbst herstellen kann. Sie ist in bestimmten Fischen enthalten und in Wildfleisch.) Daß Wein gesund ist, wußte schon der heilige Paulus. Er schrieb in seinem Timotheusbrief: «Trink jetzt kein Wasser, sondern trink Wein, allerdings mäßig, deines Magens und deiner häufigen Erkrankungen wegen.»

Cäsar hat seine Soldaten verpflichtet, täglich Wein zu trinken, um die Gesundheit zu erhalten und widerstandsfähig gegen Seuchen zu sein. Und der heilige Augustinus sagt vom Wein, er erfrische die matten Kräfte, verscheuche die Traurigkeit, bringe Freude, sei Wunden heilsam, verjage «die Müdigkeit der Seele».

Im Alten Testament steht sozusagen das älteste erhaltene Weinlied in Gestalt eines Psalms. Dort heißt es: «Der Wein erfreut des Menschen Herz».

Der Weinbau begann in Deutschland während der langen Zeit der römischen Besatzung. Zunächst einmal wurde der erforderliche Wein für die römischen Legionäre produziert, die eine tägliche Zuteilung von einem Liter erhielten, den sie trinken mußten. Die ansässigen Germanen lernten das Weintrinken von den Römern. Und das damalige römische Gebiet wurde ein blühendes Weinland. Asenius dichtete von einer Moselfahrt im Jahre 360: «Bis zur äußersten Höhe der sanft sich neigenden Bergwand ist das Gelände des Flusses bedeckt mit grünender Rebe».

Dabei war es keinesfalls so, daß der Weinstock erst durch die Römer in unser Land gebracht wurde. In deutschen Braunkohleabbaustätten findet man Unmengen von Traubenkernen. Der Rebstock war also und ist bis heute bei uns heimisch, und so weit er nicht als Waldunkraut von den Forstleuten beseitigt wurde, wächst er noch heute in den Auwäldern am Oberrhein. Es gibt Berichte, daß noch im vorigen Jahrhundert Trauben von den wilden Weinstöcken geerntet werden konnten. Sicher haben die Germanen von diesen Trauben gegessen – soweit sie nicht zu sauer waren – aber sie kannten halt nicht die Technik der Weinzubereitung. Vielleicht ist der Weinstock die älteste Kulturpflanze überhaupt. Vor 10 000 Jahren haben die Menschen offenbar schon Wein hergestellt. In Kleinasien hat man Traubenpressen gefunden, die über 8 000 Jahre alt sind. In all den großen Kulturen des Mittelmeerraumes wurde Wein getrunken. Und der Wein galt in den alten Zeiten als Lebenselixier und Unsterblichkeitstrank. Der ägyptische Keltergott Schesmu reicht den Toten Wein als lebenserhaltendes Getränk. Dem griechischen Gott Dionysos zu Ehren tranken seine Anhänger Wein, erlebten im Rausch den Tod und im Wiedererwachen aus dem Rausch die Wiederauferstehung.

Im Islam und im Buddhismus allerdings ist der Wein wegen des Rausches verboten. Mystiker des Islams, die Sufi, trinken den Wein trotzdem und suchen im Rausch, Gott nahe zu kommen. Und der große sufische Dichter Omar, der Zeltmacher, erlebt Gott im Weinrausch und in der Ekstase der Liebe.

Angelus Silesius, der deutsche Dichter der Mystik, spricht davon, von Gottes Gottheit trunken zu sein. Der Weinrausch erscheint ihm als Bild der Begegnung mit Gott.

Im Mittelalter wuchs in ganz Deutschland, vom Bodensee bis an die Ostsee, in Ostpreußen und Schleswig-Holstein Wein. Der sächsische Wein wurde seiner Qualität wegen mit dem fränkischen verglichen. Angebaut wurde zunächst der sogenannte Elbling, den die Römer mitbrachten und der in unserer Gegend zu etwas ganz Herbem gedeiht. In der Pfalz war eine Rebsorte namens Gänsfüßler im Mittelalter berühmt. Karl der Große und seine Nachfolger brachten den Trollinger und Burgunderreben. Zwei Rebsorten aber sind es, die seit altersher dem deutschen Weinbau vor allem zugrundeliegen: das ist der Riesling und der Traminer. Der Riesling, der den Weinbau an Rhein und Mosel maßgebend bestimmt, heute aber überall in Deutschland angebaut wird, kommt aus Deutschland. Er wurde im Raum zwischen Neustadt an der Weinstraße und Worms aus unseren heimischen Wildreben entwickelt. Seit 500 Jahren mindestens wird er angebaut und gilt als die edelste Keltertraube. Den Traminer halten manche ebenfalls für eine deutsche Traube. Seine Kultur ist am Rhein, besonders in der Rheinpfalz sehr alt. Aber er ist nicht sehr ergiebig. Es heißt von ihm, «was ihm an Quantität abgeht, ersetzt er reich an Qualität». Württemberg hat seinen Ruf als Weinland im Mittelalter durch Traminerreben erobert. Aber der Bauer will ja was verdienen, und so geht ihm Quantität vor Qualität. Aus diesem Grund ist der Anbau von Traminer weitgehend zurückgegangen.

An die Stelle des qualitätsvollen Traminers trat zum Beispiel in der Rheinpfalz der Blaue Portugieser, der nicht aus Portugal kommt sondern – wahrscheinlich – aus Niederösterreich und aus Ungarn, wo er seit grauer Vorzeit angebaut und dort wohl aus wilden Trauben entwickelt worden ist. Er liefert Quantität. Vor dem Ersten Weltkrieg kostete 1 Liter weniger als 20 Pfennig. Aus den wilden Donaureben wurde der Silvaner entwickelt. Der Trollinger, eigentlich Tirolinger, der in der Pfalz Schwarzer Malvasier heißt, stammt aus Oberitalien. Auch er liefert Quantität und hat in Württemberg mit den Traminer verdrängt. Die älteste Traubensorte von allen in Deutschland angebauten ist der Gutedel. Er kam erst 1780 nach Baden. Der badische Markgraf Karl-Friedrich lernte ihn am Genfersee kennen, wo er Landwirtschaft studierte, und brachte ihn ins Markgräfler Land. In Frankreich und Italien heißt er Chasselas, in der Schweiz Viviser, Dorin, Fendant. Er kam im 16. Jahrhundert aus der Türkei nach Burgund. Aber schon die Römer hatten ihn nach Europa gebracht. Und der römische Schriftsteller Plinius hat ihn beschrieben. Man weiß aber sicher, daß der Gutedel schon vor 2800 Jahren in Ägypten angebaut worden ist; in der Oase El Fayum, 70 Km südwestlich von Kairo soll diese älteste Form des Gutedels heute noch wachsen. In der Schweiz wächst noch eine uralte Rebsorte, der Arvine. Seine Trauben sind nicht viel größer als die Trauben der Johannisbeere. Der Wein aber! Gott sei Dank, wissen nicht viele Leute, daß es den Arvine gibt. Natürlich könnte man noch viel von Rebsorten und Weinen erzählen, zum Beispiel vom Ruländer, den der Kaufmann Ruland im 18. Jahrhundert verwildert in seinem eben gekauften Garten entdeckte, dann durch Zufall feststellte, daß der aus den Trauben gekelterte Wein von besonderer Fülle war und der die Reiser dieses Weinstocks für einen Taler das Stück verkaufte. Alle Ruländerreben gehen auf das Pfropfholz dieser einen Rebe zurück. Erst sehr viel später hat man festgestellt, daß der Ruländer dasselbe ist wie der Pinot gris.

Im Frühjahr werden die Rebstöcke geschnitten, die Reiser angebunden, der Rebberg muß gehackt werden, die Reben müssen gespritzt werden, mal regnet es zu viel, mal ist es zu trocken oder es ist zu kalt, mal leidet die Quantität, mal leidet die Qualität. Dann werden die Trauben geerntet, die Beeren werden abgepreßt, der Most beginnt zu gären, und unter sorgfältiger Behandlung entsteht schließlich der Wein, der golden und duftend und wohlschmeckend schließlich im Glase ist. Der Mensch hat viel Einfallsreichtum, viele Erfahrung, viel Fleiß, viel Schweiß aufgewendet, um dieses edelste Produkt aus dem, was die Natur wachsen läßt, herzustellen.

Der Mensch muß keinen Wein trinken. Der Wein ist der reine Überfluß. Aber er schenkt dem Menschen die Freude des Gaumens, er lockert die Zunge und schenkt ihm die Freude des Gesprächs. Der Wein begleitet die schönsten Stunden des Menschens und oft auch die schwersten, wo er einen zu trösten vermag. Früher hat man Babys in Wein gebadet, und die junge Mutter hatte, wenn sie das Kind zum ersten Mal stillte, in der rechten Hand eine Flasche Wein. Bei einer orthodoxen Hochzeit gibt der Priester dem Bräutigam und der Braut aus einem Glas zu trinken, und der Komparos, der Trauzeuge, trinkt das Glas aus zum Zeichen, daß die beiden nun zusammengehören.

Bei einer jüdischen Hochzeit trinken Braut und Bräutigam aus dem gleichen Glas, und das Glas wird anschließend zerbrochen. «Masel Tow», «Glück soll's bringen».

Wein. Zusammen mit dem Brot das Wertvollste, was der Mensch mit seinen Händen hervorbringt. Gerade gut genug, um es dem Gott zu schenken. Und so wird in der christlichen Liturgie Gott Brot und Wein dargebracht und Gott verwandelt den Wein, unseren Überfluß, so wie er das Brot verwandelt, unsere Notwendigkeit.

Er verwandelt unser Spiel, unser Feiern, unser Fest, unsere Liebe in sein Spiel, in seine Feier, sein Fest und seine Liebe. Und er schenkt sich den Menschen als Brot und Wein in der Eucharistie. Eucharistie, das bedeutet Danksagung. Wir sagen Dank für Brot und Wein, dafür, daß unser Hunger gestillt und daß uns Freude geschenkt wird.

Was der Großvater noch wußte:

Weißwein regt an, Rotwein stimmt eher besinnlich. Daraus kann man Schlüsse ziehen für das Planen eines Festes.

Welcher Wein zu Fisch getrunken wird, hängt von der Zubereitung ab: zu gedünstetem Fisch trinkt man zum Beispiel leichte, spritzige Rieslinge, Gutedel, Sancerres. Zu gebratenen Fisch: Traminer, Müller-Thurgau, leichte Ruländer. Zu Fisch mit starkgewürzten Saucen: leichte Rotweine. So jedenfalls empfiehlt es mein Fernsehkollege Horst Scharfenberg, der vom Essen und Trinken wirklich etwas versteht. Einige Anregungen für ein Mahl: als Aperitif, als Appetitanreger, Eröffner, eignet sich ein Glas trockener Weißwein oder Sekt. Zu den Vorspeisen nimmt man einen trockenen Weißwein. Zum Essen gilt: Weißer Wein vor rotem Wein, leichter Wein vor kräftigem Wein, trockener Wein vor süßem Wein, herber Wein vor lieblichem Wein, milder Wein vor würzigem Wein, zartblumiger Wein vor bukettreichem Wein, junger Wein vor altem Wein. Zum weißen Fleisch gehört weißer Wein oder ein ganz leichter Roter.

Zum dunklen Fleisch gehört ein kräftiger Rotwein oder auch ein kräftiger Weißwein. Einen kühlen Roséwein kann man zu allen Speisen anbieten.

Ein guter Wein gehört in ein angemessenes Glas. Der beste Wein verliert von seiner Qualität, wenn man ihn aus einem dicken Glas trinkt.

Für Weißwein, Rotwein, Sekt gibt es jeweils unterschiedliche Gläser. Das Glas für den Rotwein ist niedriger als das Glas für den Weißwein. Der Sekt braucht einen schlanken Kelch, damit die Kohlensäure erst langsam frei wird.

Für die Weintemperatur gilt, je fruchtiger und gerbsäurehaltiger, desto wärmer kann er sein. Je frischer und trockener, desto kühler sollte er sein. Weißwein und Rosés sollten etwa die Temperatur frischen Trinkwassers haben, also so etwa 10°. Rotwein ist oft zu warm. Als die Regel der Zimmertemperatur aufgestellt wurde, betrug diese etwa 14°, also entweder die Zimmertemperatur senken oder den Rotwein nicht zu warm anbieten. Unter gar keinen Umständen darf er gewärmt werden. Man sollte ihn aus dem Keller holen und 1 bis 2 Tage im Zimmer stehen lassen. Die meisten Rotweine sollten bereits einige Stunden vor dem Trinken geöffnet werden, damit sie ihren Geschmack voll entfalten. Das gilt vor allem vom Barolo, der unmittelbar nach dem Öffnen bei weitem nicht so gut schmeckt wie nach ca. 5 Stunden. Wein verträgt keinen plötzlichen Temperaturwechsel. Ganz allmählich kühlen oder erwärmen. Sekt wird bei 4 bis 8° getrunken.

Speisen erhalten durch den Wein eine pikante Würze. Die Kunst des Kochens wird durch Wein vollendet.

Was man beim Weinkaufen beachten sollte: Wein ist zum Trinken da. Er eignet sich nicht als Geldanlage, und was nützt es, wenn man einen kostbaren Wein im Keller hat und sich nicht traut, ihn zu trinken. Also trinken Sie den Wein, der Ihnen schmeckt und nicht den, der viel Geld kostet. Das kann manchmal zwar dasselbe sein, muß es aber nicht. Es gibt wunderbare einfache Landweine. Wer jeden Tag ein Glas Wein trinken will, der kann gar nicht so viel ausgeben dafür. Der Wein schmeckt immer am besten dort, wo er gewachsen ist, und manche Weine kann man nicht allzu weit von ihrem Entstehungsort wegtransportieren. Die Lebensdauer der Weine ist sehr unterschiedlich. Wenn man schon Wein in den Keller legt, dann sollten das Prädikatsweine sein. Der Keller sollte nicht wärmer als 12° sein und im Sommer wie im Winter ungefähr gleich temperiert. Ist der Keller wärmer, altern die Weine schneller. Stark riechende Stoffe wie Zwiebeln, Kartoffeln, Kunstdünger, dürfen im Weinkeller nicht gelagert werden. Weinflaschen müssen liegen, damit die Korken feucht bleiben und schließen.

Ist eine Speise mit Wein zubereitet, so sollte man den gleichen Wein dazu trinken.

Zum Kochen einen guten Wein benutzen.

Merke: 1 Glas Weißwein enthält, sagt der Ernährungswissenschaftler, so viel Vitalstoffe, Vitamine und Mineralstoffe, wie 2 Tabletten eines Multivitaminpräparates. Ich kann es nicht nachprüfen, glaube es aber gern.

Die Großmutter wußte:

— *«Kochwein»* sollte man nicht verwenden. Er ist oft zu sauer und hat auch sonst einen schlechten Geschmack. Wie sollen damit gute Speisen entstehen? Man nimmt zum Kochen keinen kostbaren Wein, aber einen, der qualitativ gut ist. Er darf auch noch relativ jung sein.

— Wein muß in der Speise *so lange mitkochen,* daß er seine Säure verliert, d. h. bei Saucen mindestens eine Viertelstunde. Je länger, desto besser. Das hat auch den Vorteil, daß der Alkohol gänzlich verdunstet ist.

— Vorsicht bei Zugabe von Sahne in Saucen, die Wein enthalten. Falls noch Spuren von Säure vorhanden sind und die Sauce nach der Sahnezugabe nochmals kocht, kann sie gerinnen. Deshalb: *Sahnezugabe* erst vor dem Anrichten. Sauce nur noch erhitzen.

— *Rotweinflecken* auf dem Tischtuch verschwinden, wenn man etwas Weißwein darüber träufelt. Hat man keinen Weißwein zur Hand, bestreut man den Fleck mit Salz.

— *Sauer gewordener Wein* kann zum Marinieren von Rindfleisch verwendet werden. Vor dem Braten die Fleischstücke gut trockentupfen.

— *In Wein eingelegtes oder gekochtes Fleisch* wird zarter, Wild verliert einen Teil des Wildgeschmackes, Lammfleisch «böckelt» weniger.

Rezepte mit Wein

Bratwurst-Sauce

2 EL frische Butter
2 EL Mehl
1½ dl Fleischbrühe
1 dl herben Rotwein
1 EL Öl
2 Zwiebeln fein gehackt

Die Butter schmelzen, das Mehl beigeben, mit dem Schneebesen beides zu einer homogenen Masse rühren, mit der warmen Fleischbrühe ablöschen, den Rotwein beifügen, ¼ Std. köcheln. Das Öl heiß werden lassen, die Zwiebeln hellbraun rösten, vor dem Servieren in die Sauce geben.

Steinpilz-Sauce
zu Polenta, Teigwaren, Kartoffelpüree

2 EL frische Butter
2 EL Mehl
1½ dl Fleischbrühe
1 dl herben Rotwein
1 Handvoll getrocknete Steinpilze,
20 Min. in kaltem Wasser eingeweicht
eventuell 2 – 3 EL Sahne

Die Butter schmelzen, das Mehl beigeben, mit dem Schneebesen beides zu einer homogenen Masse rühren, mit der warmen Fleischbrühe ablöschen, den Rotwein beifügen, ¼ Std. köcheln, die Pilze zugeben, nochmals ¼ Std. köcheln, eventuell mit der Sahne verfeinern. Nach der Sahnezugabe nur noch gut erhitzen, aber nicht mehr kochen.

Lammragout an Barbera-Sauce

    1 EL Olivenöl
800 g Lammfleisch mit Knochen
  ¾ l Barbera
    2 große Zwiebeln, geschält, fein gehackt
500 g Karotten, geschält, in Rädchen geschnitten
    1 Lorbeerblatt
  1 KL getrockneter oder ein Zweiglein frischer Thymian
    1 Knoblauchzehe, gepreßt
      Salz, Pfeffer

Das Öl heiß werden lassen, das Fleisch darin anbraten, mit dem Wein ablöschen, salzen pfeffern, 1 Std. köcheln. Zwiebeln, Karotten, Lorbeerblatt beigeben, weitere 1½ Std. köcheln. Zu Polenta oder Kartoffelpüree.
Man kann anstelle von Lammfleisch auch Rindfleisch verwenden, doch ist es dann besser, das Gericht vor der Zugabe der Gemüse 1½ Std. zu kochen.

Dreiweinbirnen

    4 schöne Butterbirnen
  3 dl herber Rotwein
2–3 dl Wasser
   ½ Zimtstengel
    1 Nelke
  3 EL Zucker

Rotwein, Gewürze und Zucker aufkochen, ein paar Minuten köcheln lassen. Die Birnen am Stück schälen (dabei den Stiel an der Frucht belassen). In den Gewürzwein legen, soviel Wasser beigeben, daß die Birnen knapp mit Flüssigkeit bedeckt sind, und köcheln lassen, bis sie zwar weich geworden sind, aber nicht zerfallen. In Dessertgläser füllen.

Restliche Zutaten:
- 2 Eigelb
- 1 KL Zucker
- 2 Eischalenhälften herben Weißwein
- 2 Eischalenhälften Marsala

unmittelbar vor dem Servieren in eine Pfanne geben, die in einer größeren Pfanne ins Wasserbad gestellt werden kann. Mit dem Schneebesen gut schwingen, das Wasserbad langsam erwärmen. Sobald die Masse cremig ist, über die Birnen geben, sofort servieren.

Weinkuchen

- 250 g Butter, zimmerwarm
- 200 g Zucker
- 4 Eier
- 1 KL Zimt
- 1 KL Kakao
- 2 EL Schokoladestreusel
- 1,8 dl Rotwein
- 250 g Mehl, gesiebt
- ½ Briefchen Backpulver

Die Butter mit dem Zucker schaumig rühren, ein Ei nach dem andern dazugeben, dann die übrigen Zutaten in der angegebenen Reihenfolge, dabei das Backpulver mit dem Mehl zusammen sieben.
In gefettete 22 cm Springform füllen, im auf 175° vorgeheizten Backofen 45 Min. backen.

Champagner-Créme

- 4 Eigelb
- 4 Eiweiß, steif geschlagen
- 1 fein abgeriebene Schale einer Zitrone
- 3 EL Zucker
- 3 dl Champagner demi-sec

Das Eigelb, die Zitronenschale, den Zucker miteinander schaumig schlagen, das Gefäß ins Wasserbad stellen, den Champagner beifügen, weiterschlagen, bis eine Créme entstanden ist, diese abkühlen lassen, die Eiweiß darunterziehen, gut gekühlt mit einem Orangenschnitz verziert servieren.

Glühwein

- 1 l Rotwein
- 3 – 4 EL Zucker
- 1 Zimtstange
- 1 Nelke
- 1 in Streifen geschnittene Zitronenschale

Alles bis knapp vor den Siedepunkt erhitzen, abseihen, sofort servieren.

Kir

- 8 EL Likör aus schwarzen Johannisbeeren oder 4 EL Sirup dieser Früchte
- 7 dl Champagner sec oder herben Weißwein, gut gekühlt

Vier 2 dl-Gläser mit Eiswasser ausspülen, zuerst Likör oder Sirup darin verteilen, mit Wein auffüllen.

Fondue

Ich kenne kein Rezept, um das herum so viele Zeremonien gemacht werden, wie das Fondue. Wenn ein Schweizer «Fondue» sagt, meint er Käsefondue. Das französische Wort Fondue bedeutet einfach «geschmolzen». Geschmolzen wird Käse in Wein — und da geht es schon weiter mit den Zeremonien und Traditionen. Je nach Landesgegend müssen verschiedene Käsearten in einem ganz bestimmten Verhältnis gemischt werden, ist dieser oder jener Weißwein der allereinzig richtige. Ja, und wenn es ganz genau zelebriert wird, dann kocht ein Mann Fondue — auch wenn er sonst niemals den Kochlöffel schwingt. Zu den Zeremonien gehören auch die richtigen Requisiten: Ein «Rechaud» — ein Sprit- oder Gaskocher, ein «Caquelon» — ein Kochgeschirr aus feuerfester Keramik oder emailliertem Guß, Fonduegabeln — dreizinkige lange, spitze Gabeln mit Holzgriff. Diese Form, damit man damit Brotwürfel gut aufspießen kann, die Länge und der Holzgriff, damit man sich die Finger nicht verbrennt.

Das französische Vokabular für's Fonduekochen verrät uns, daß der Ursprung dieser Speise in der welschen, also in der französischsprachigen Schweiz zu suchen ist. Dort wächst auch jener Wein, den man dafür unbedingt braucht: trockenen, säuerlichen Weißwein.

Ich nehme nun das Risiko auf mich, von Fondue-Puristen gesteinigt zu werden und führe nachstehend ein Standard-Rezept auf, das auch mit im Ausland erhältlichen Zutaten zu einem befriedigenden (natürlich niemals so hervorragenden!) Resultat führen sollte.

1 Knoblauchzehe
600 g gut schmelzenden,
  möglichst alten Käse, gerieben

3 dl trockenen, säuerlichen Weißwein
  eventuell etwas Zitronensaft
3 KL Maizena oder 2 KL Kartoffelmehl
3 EL Kirschwasser
  Pfeffer, Muskatnuß
1 kg Weißbrot vom Vortag,
  in 2 × 2 cm große Würfel geschnitten

Wichtig: Fondue ist sehr rasch zubereitet, zudem eine ideale Speise zum Verzehr im Freundeskreis. Man richtet sich alle Zutaten der Reihe nach, beginnt aber mit der Zubereitung erst, wenn die Gäste schon am Tisch sitzen. Das Rechaud steht — mit einer Schachtel Zündhölzer — bereits auf dem Tisch, den man mit Desserttellern, den Fonduegabeln und Teetassen gedeckt hat. Die Brotwürfel stehen in einem Korb ebenfalls auf dem Tisch.

Den Caquelon mit der Knoblauchzehe tüchtig ausreiben. Den Käse und den Wein hineingeben, unter ständigem Rühren mit einem Holzkochlöffel zum Kochen bringen. Falls die Masse nun nicht zu einer absolut homogenen Creme geworden ist, Zitronensaft beigeben (weil in diesem Fall der Wein zu wenig Säure enthalten hat). Maizena oder Kartoffelmehl mit dem Kirschwasser anrühren, in die kochende Masse geben, rühren, würzen.

Unser Fondue ist eßbereit. Das Rechaud wird angezündet, der Caquelon daraufgestellt. Jeder Gast legt sich eine Handvoll Brotwürfel auf den Teller. Man spießt einen Würfel auf die Gabel und dreht ihn in der köchelnden Fonduemasse. So wird sie weiter gerührt und setzt nicht an.

Als Getränk zum Fondue empfiehlt sich unbedingt Schwarztee, ungesüßt oder schwach gesüßt. Wer es mag, trinkt, wenn die Hälfte aufgegessen ist, ein Gläslein Kirschwasser dazu.

Wein als Medizin

«Wer Wein trinkt, betet. Wer Wein säuft, sündigt». Damit ist zum Thema Wein und Gesundheit schon beinahe alles gesagt.

Ein Glas Rotwein zum Essen darf getrost als Medizin angesehen werden bei Blutarmut, niedrigem Blutdruck, in der Rekonvaleszenz.

Wein ist denn auch enthalten in verschiedenen Stärkungsmitteln, zum Beispiel Zwiebelsirup (zwei Rezepte siehe Seite 156). Oder in

Stärkungswein
1 dl herben Rotwein
1 Ei
1 KL flüssigen Honig

Das Ei mit dem Schneebesen schaumig schlagen, Honig und Wein beigeben. Über den Tag verteilt eßlöffelweise einnehmen.

Aber auch zu **Umschlägen** kann Wein verwendet werden.
1 Handvoll Eisenkraut
(Verbena officinalis)
2 dl Rotwein

Man kocht den Wein auf, gibt das Eisenkraut bei, läßt 5 Min. köcheln. Hilft bei Kopf- und Nervenschmerzen, Ischias.

Wein im Garten

Der Anbau der Reben scheint von jeher Männersache gewesen zu sein. In den mir zugänglichen älteren Büchern für den Garten und Haushalt finde ich nirgends Hinweise – und auch von meinen Zuschauerinnen habe ich keine Rezepte für dieses Gebiet erhalten. Deshalb

nur soviel: wer im Garten zur Beschattung einer Laube Reben pflanzen will, nimmt mit Vorteil eine Tafeltraubensorte. Das schönste ist es doch, sonnenwarme Trauben zu pflücken und gleich zu genießen – und da schmecken eben die Tafeltrauben noch besser.

Hat sieben Häute, beißt alle Leute: Die Zwiebel

«Du bis vielleicht eine dumme Zwiebel», pflegte meine Mutter wechselweise zu meinen Cousinen zu sagen, wenn sie wieder einmal mit irgend einem Problem – natürlich im Zusammenhang mit einem Mann – zu ihr kamen. Mir schien diese Diffamierung der Zwiebel immer zu weit zu gehen, denn der Zwiebel galt und gilt meine ganze Liebe. Am Sonntag, wenn meine Mutter Schweinebraten machte, dann wurde der beim Anbraten mit halben Zwiebelknollen umgeben, und bevor meine Mutter dann mit heißem Wasser die Sauce aufgoß, bekam ich auf ein Butterbrot eine halbe gedämpfte Zwiebel. Und der Zwiebelkuchen meiner Mutter! (Sie finden ihn im ersten Großmutterbuch als «Zwiebel-kuchen nach Tante Hanni»), oder die Zwiebelsuppe meiner Mutter! Und selbst der Zwiebelwickel, den das kleine Wernerle bei seinem steten Halsweh bald jeden Monat um den Hals bekam, war ein Genuß für die Nase und förderte das Gelüst nach gebratenen Zwiebeln. Im Krieg, als die Pausenbro-te der Schüler armselig wurden, war ich fein heraus: Ich hatte auf meinem Brot zwar nur rohe Zwie-belscheiben. Aber das liebte ich! Das hatte überdies noch den Erfolg, daß Lehrer und Mitschüler sich von mir fernhielten. Die Leidenschaft für rohe Zwiebelscheiben habe ich bis heute. Aber sie wurde von weiblichen Wesen schon in früher Jugendzeit – der Krieg war allerdings schon zu Ende, als ich ins gefährdete Alter kam – erheblich gedämpft. Der Geruch! Kennen Sie übrigens die Ge-schichte von Gregor von Rezzori, die er aus Maghrebinien, jenem sagenhaften Land irgendwo im Osten, erzählt? Ein Mann kam aus dem berühmten Restaurant «Zur Silberzwiebel» des noch be-rühmteren Kochs Cipollo Knobelinski und begegnete einem Freund. «Oh», sprach der, «Du bist ge-wesen bei Knobelinski, was hast Du gegessen?»

«Rat mal», sagte der andere. «Gib mir einen Hauch.» Der Mann hauchte seinen Freund an, der gleich mehrere Schritte nach hinten sprang und sagte: «Du hast Knoblauchwurst gegessen!»

«Richtig», sagte der Mann, «aber das war vorgestern. Was habe ich heute gegessen?» Der andere kam vorsichtig einen Schritt näher und sagte: «Gib mir noch einen Hauch».

«Hhaah!»

«Zwiebelfische!», rief er jetzt. «Wieder falsch, das war gestern, aber heute, was habe ich gegessen heute?» Der andere sagte: «Ich weiß es nicht». Da sagte der Mann triumphierend: «Erdbeertorte!»

Was sagen Sie jetzt! Dabei ist es ganz einfach, so sagt man, die Folgen des Zwiebelgenusses im Atem zu unterdrücken: Ein Glas warme Milch oder ein Eßlöffel kleingehackte Petersilie oder etwas Zitronensaft oder ein Apfel oder mindestens 10 Kaffeebohnen zerkaut, oder auch die frischen Blätter von Pfefferminze, Majoran und Thymian. Das behaupten die Leute und das behaupten gescheite Bücher. Aber das muß für Menschen gelten, die anders gebaut sind als ich. Was immer ich mache, wann immer ich Zwiebeln gegessen habe, Frauen, die mir nahestehen, schreien weh auf. Es ist eben nicht nur mein Atem. Das ätherische Öl der Zwiebel, das ihren besonderen Geschmack aus-macht, wird vom Körper aus allen Poren der Haut abgesondert, und der Zwiebelesser, also ich, stinkt ganz allgemein. Nun gilt die Zwiebel seit altersher als Aphrodisiakum, zu deutsch: als Mittel, das die Liebe, vor allem die dazu gehörige Manneskraft, fördert. Aber das, was die Liebe fördert, wird erheblich behindert durch den Gestank. Der römische Schriftsteller Ovid, der sich vor 2000 Jahren mit derlei Problemen intensiv beschäftigt hat, gibt den einleuchtenden Rat, die Partnerin solle in Gottes Namen auch Zwiebeln essen. Und schon sei das Problem gelöst. Übrigens gab es im Alten Rom ein Sprichwort, das man auf ältere Herren hinsichtlich ihrer geschwundenen Kräfte anwandte: «Bulbus nihil profuerit», was zu deutsch heißt: «Dem hilft noch nicht mal eine Zwiebel». Aber so ist es halt mit der Zwiebel: Einerseits ist sie kolossal gesund. Sie enthält Vitamin A, Vitamin B 1 und Vitamin B 2 und Vitamin C (B 1 und B 2 sind übrigens die Vitamine, die einerseits gegen Reisekrankheit wirken und andererseits die Mücken fernhalten. Ist das ein Wunder!). Sie hemmt das Wachstum der Bakterien, hilft bei Magen- und Darmbeschwerden, hilft bei Gesichtslähmungen und Gesichtsneuralgien, hilft bei Angina und Entzündungen des Rachenraumes, regt die Gallensekretion an und die Verdauung, senkt den Blutdruck, hilft bei der Regulierung des Blutdrucks, hilft sogar bei schwerer Anämie, und ihr Saft stärkt den Haarwuchs. Andererseits dieser Geruch! Diese zwiespältige Wirkung der Zwiebel kommt vermutlich von ihrer Herkunft. Sie erinnern sich, vor alter Zeit hatte der Satan, der ein normaler Himmelsangestellter war, den Aufstand geprobt und wollte selber Chef sein, da hat ihm der liebe Gott fristlos gekündigt und ihn des Himmels verwiesen (selbst die Gewerkschaft konnte ihn nicht retten), seitdem sucht er, übrigens mit zunehmendem Erfolg, hier auf der Erde nach entsprechenden Anhängern. Kurz, als der Teufel zum ersten Mal auf die Erde kam, da wuchs, wo sein rechter Fuß hintrat, die Zwiebel, und wo sein linker Fuß hintrat, der Knoblauch. Jedenfalls behauptet das eine türkische Sage. Und sagt nicht Goethe, der Teufel sei die Kraft, «die stets das Böse will und stets das Gute schafft». Jedenfalls ist die Zwiebel scharf, und wenn man sie schneidet, muß man weinen. Und die Zwiebel und der Knoblauch stinken, oder besser, der Mensch, der davon ißt. Aber beiden ist gemeinsam ihre große Heilwirkung und ihre große Bedeutung als Gemüse und Gewürz. Ja, vor 5000 Jahren, im Zweistromland, an Euphrat und Tigris, im Lande Sumer und Babylon war Brot und Zwiebel die Grundnahrung der einfachen Menschen. Die Arbeiter, die vor 4500 Jahren die Pyramiden bauten in Ägypten, bekamen Zwiebeln zu essen. In Ägypten waren die Zwiebeln so wichtig, daß Eide bei der Zwiebel geleistet wurden. Die Römer brachten die Zwiebel zu uns. Ich stelle mir so ganz konkret vor, wie die Germanen über eine römische Zwiebelsuppe gestaunt haben. Das Wort Zwiebel erinnert an ihre südliche Herkunft, ist es doch mit dem italienischen Wort Cipolla sehr nah verwandt.

Meine Mutter hat die Zwiebeln an St. Benedikt gesteckt (21. 3.), gemäß dem Spruch «Benedikt macht Zwiebeln dick». Dabei ist das mit dem Zwiebelstecken eine rechte Wissenschaft. Einerseits ist die Zwiebel ein Gewächs, das unter der Erde entsteht, also muß sie bei Neumond unter die Erde. («Schtupf Zwiebel im Nui, kriegscht Zwiebel wie Knui».)

Andererseits sollen sie bei Vollmond gesteckt werden, damit sie dick werden. Jedenfalls sollen sie im Zeichen des Steinbocks gesteckt werden, damit sie fest werden, im Zeichen des Wassermanns werden sie nämlich faul, im Zeichen des Schützen schießen sie. Günstig ist auch der Karfreitag (wegen Christi Tränen!). Beim Zwiebelstecken hat meine Mutter immer gesagt, daß man nicht in die Höhe blicken darf oder sich aufrichten, sonst schießen die Zwiebeln ins Kraut. Und wenn man nicht schweigt, dann werden sie überhaupt nichts. Aber man soll sich beim Zwiebelstecken ärgern, dann gedeihen sie gut. Und wenn man gar ins Schwitzen kommt, dann werden sie richtig scharf. An Johanni sollte man sich auf dem Zwiebelbeet wälzen. Um es ganz genau zu sagen, das sollte ein nackter Mann machen. Vielleicht lebt da noch eine Erinnerung daran, daß früher Bauer und Bäuerin auf dem Getreidefeld miteinander geschlafen haben, damit das Feld fruchtbar wird. Meine Mutter hat auf alle Fälle an Johanni die Zwiebelröhren mit der Hand umgedrückt, damit die Kraft der Zwiebeln in die Knolle ging und nicht ins Lauch, wie sie sagte. Eine Zwiebel ließ sie stehen für den Zwiebelsamen im nächsten Jahr. Heutzutage sagt man allerdings, daß man das nicht machen soll. Aber das wird die Kathrin an anderem Ort erklären. Übrigens, wenn man eine Zwiebel neben einen Rosenstock pflanzt, dann sollen die Rosen stärker duften. Einmal im Jahr hat meine Mutter die Zwiebel als Orakel benutzt, das war in der Christnacht. Da hat meine Mutter aus einer Zwiebel 12 kleine Schalen gebildet. Die hat sie mit Salz bestreut und vor das Fenster gestellt, bevor sie zur Christmette ging. Und je nach dem, wieviel Feuchtigkeit das Salz nach der Mette gezogen hatte, hat sie geschlossen: die erste Zwiebelschale ist fast trocken, also im Januar wird es wenig Niederschläge geben; die zweite Schale ist sehr feucht, also wird es im Februar viel regnen oder schneien usw. Aber man kann natürlich die Zwiebel auch zu anderen Orakeln verwenden. Man kann eine Zwiebel in die Erde stecken und aus der Form der Wurzeln auf die Zukunft schließen. Man kann als unverheiratetes Mädchen für jeden in Frage kommenden Jüngling eine Zwiebel im Schlafzimmer aufstellen und schauen, wessen Zwiebel zuerst grün wird: Der ist's! Wird aber keine grün, dann bleibt das Mädchen im kommenden Jahr ungefreit. Wenn man unter Schwindel leidet, soll man eine weiße Zwiebel in der Tasche tragen. Und wenn man Warzen vertreiben will, dann muß man so viele Zwiebeln stehlen (ich lehne jede strafrechtliche Verantwortung ab!), wie man Warzen hat, und sie dann über die linke Schulter ins Feuer werfen. (Ich stelle mir vor, wie Sie an Ihrer Zentralölheizung stehen und versuchen, über ihre linke Schulter mit den Zwiebeln durch die Feuerklappe ins Feuer zu treffen!). Übrigens, wenn man ein Baby erwartet, darf man keine Zwiebeln essen, sonst wird das Kind dumm. Und damit bin ich wieder bei der Äußerung meiner Mutter: «Du dumme Zwiebel».

Die Großmutter wußte:

— Wenn man die Zwiebel, das Messer ins kalte Wasser taucht und das Brett mit Wasser abspült, muß man beim Zwiebelschneiden *weniger weinen.*
Denselben Effekt soll es haben, wenn man die Zwiebel mit wassergefülltem Mund schneidet. Niemand hindert einen daran, den ersten und zweiten Tip kombiniert zu erproben.

— *Schalotten* lassen sich leicht schälen, wenn man sie mit kochendem Wasser übergießt und eine Minute stehen läßt.

— *Geschnittene Zwiebeln* sofort weiterverwenden, erstens verursachen sie sonst Blähungen, und zweitens verändert sich auch ihr Geschmack.

— Ein Zwiebelstück, das man nicht sofort braucht, in einem *verschlossenen Gefäß* aufbewahren, sonst nehmen daneben aufbewahrte Lebensmittel den Zwiebelgeruch an.

— Soll eine Speise kräftig gewürzt werden, reibt man die Zwiebel an einer *Bircherraffel.*

— Um *Zwiebelringe* schön knusprig zu braten: Die Zwiebel querdurch in Scheiben schneiden, die ganze Zwiebelscheibe in Mehl drehen, dann in Ringe zerteilen.

— Um *nicht nach Zwiebel zu riechen* (besonders lästig nach dem Genuß roher Zwiebeln), ein Glas Milch trinken, eine Kaffeebohne oder etwas Petersilie oder Wacholderbeeren zerkauen.

— Durch Zugabe von grob gehackten, mitgekochten Zwiebeln lassen sich Fleischgerichte «*strecken*».

— Feingehackte oder geriebene Zwiebeln *binden Saucen,* falls man Mehl vermeiden will. Aber dann vorsichtig würzen!

— Bei Rezepten, die *gedünstete Zwiebeln* vorschreiben, darauf achten, daß sie nicht angebräunt werden. Der Geschmack würde sich sonst ganz wesentlich verändern.

— Damit beim *Würzen mit Lorbeer und Nelke* diese vor dem Servieren leicht entfernt werden können, steckt man das Lorbeerblatt mittels der Nelke in eine Zwiebel, die man nicht einmal zu schälen braucht. Zwiebelschale gibt Fleischbrühe eine schöne Farbe.

— Wenn man Eier hartkocht, gibt man dem Kochwasser einige der äußeren *Zwiebelschalenblätter* bei. Sie färben ab und kennzeichnen damit die Eier.

— Zwiebeln an einem *dunklen, luftigen Ort* aufbewahren — es sei denn, man wolle die Keime als Schnittlauchersatz verwenden. Dann stellt man sie ans Küchenfenster, wo sie bald treiben.

— Hat ein Schneidebrett, das eigentlich für einen andern Zweck als Zwiebelschneiden dient, *Zwiebelgeruch* angenommen, so reibt man es mit etwas Zitronensaft ab.

— Zwiebelschale zieht *Regenwürmer* an. Entweder beim Pflanzen von Setzlingen unter die Wurzeln legen oder dem Kompost beifügen.

Zwiebelsorten

Frühlingszwiebel (länglich, weißschalig, wird mit dem Laub verkauft)
Man läßt etwa gleich viel grünen Stengel an der Zwiebel, wie der weiße Teil lang ist. Am besten schmeckt sie unzerteilt in Butter oder Olivenöl gedünstet. Roh zu Salat ist sie sehr scharf – und vor allem riecht man sie, wenn ein anderer sie roh gegessen hat!

Römische Zwiebel, Haushaltszwiebel
Allerweltszwiebel, sowohl zum Würzen als auch für Gemüse geeignet. Sie ist rund, gelbschalig, bei trockener, dunkler Lagerung lange haltbar.

Rote Zwiebel, Burgunderzwiebel, violette Zwiebel
Hauptsächlich für Salat. Keine Lagersorte.

Schalotte
Die würzige Zwiebel, ohne scharf zu sein. Rote bis violette Haut, knoblauchförmig. Für feine Saucen-, Fleisch- und Gemüsegerichte.

Perl- oder Silberzwiebeln
Beliebt für Mixed pickles. Gelbe Haut, runde Form. Besonders zum Einlegen in Essig geeignet. (Siehe Rezept auf Seite 155).

Spanische Zwiebel, Gemüsezwiebel
Größer als Haushaltszwiebeln, weniger scharf, deshalb besonders geeignet als Gemüse oder für Zwiebelsalat. Im Herbst erhältlich, nicht lagerfähig.

Rezepte mit Zwiebeln

Zwiebelsalat

     2 l Hühnerfleischbrühe
  500 g gehobelte Speisezwiebeln
   2 EL Kapern
   3 EL Rotweinessig
   5 EL Olivenöl
          Salz, Pfeffer
  100 g gekochten Schinken in Würfel
          geschnitten oder Schinkenspeck

Die Fleischbrühe aufkochen, die Zwiebeln dazugeben, 5 Min. kochen, die Zwiebeln abgießen (gibt, mit Kräutern gewürzt, eine feine Suppe) gut abtropfen lassen. Lagenweise mit den Kapern in eine Schüssel geben. Aus Essig, Öl, Salz und Pfeffer eine Salatsauce mischen, diese über die noch warmen Zwiebeln schütten. Die Schinken- oder Speckwürfel knusprig braten, über den Salat geben, alles gut mischen und sofort servieren.

Französische Zwiebel-Omelette

  300 g Zwiebeln, fein gehackt
   2 EL Olivenöl
      6 Eier
      6 halbe Eierschalen voll Wasser
          Salz, Pfeffer, Maggi-Würze
   2 EL frische Butter

Die Zwiebeln im Öl hellbraun dünsten. Die Eier mit dem Wasser und den Gewürzen leicht verklopfen. Die Butter zergehen lassen, die Eimasse darin stocken lassen, die Zwiebeln über die eine Hälfte des Omeletts geben, die zweite Hälfte darüberschlagen. Mit Kopfsalat servieren.

Zwiebelsauce

      4 mittelgroße Zwiebeln
   1 EL eingesottene Butter
   5 dl Hühnerbrühe
   1 EL frische Butter
   1 EL Weißmehl
          Salz, Muskat
  1 Msp. Curry
          evtl. z. Legieren 1 Eigelb
 2–4 EL Rahm

Die Zwiebeln schälen, in dünne Scheiben schneiden, in der Butter gut durchdünsten, ohne sie gelb werden zu lassen. Ablöschen mit der Bouillon und zugedeckt weichdämpfen (ca. 30 Min.). Durch ein feines Sieb streichen oder im Mixer pürieren. Kochbutter schmelzen, Mehl dazugeben und leicht dünsten unter Rühren. Gut die Hälfte der Bouillon vom Zwiebelsud nach und nach dazugeben unter ständigem Rühren. Das Zwiebelpüree in die Sauce geben, würzen und legieren. Servieren zu Hammelfleisch oder Zunge.

Braune Zwiebelsauce «Sauce Robert»

        1 EL eingesottene Butter
        3 EL Mehl
        3 dl Bouillon, evtl. Fischsud
        1 dl Rotwein
         50 g Schinkenwürfel
        3–4 Zwiebeln
        1 EL frische Butter
 ½ bis 1 EL Zitronensaft
      1 Msp. Senf
       1 Pr. Zucker
              Liebig-Fleischextrakt

Eingesottene Butter erwärmen, Mehl dazugeben und unter ständigem Rühren kastanienbraun rösten, mit Bouillon und Rotwein ablöschen. Danach den fein geschnittenen Schinken beigeben. Die Zwiebeln in dünne Streifen schneiden, in der Butter weich dünsten. Sie unter die braune Sauce mischen und 20–30 Minuten köcheln lassen. Passieren und würzen. Servieren zu Ochsenzungen, Bratwürsten, Schalenkartoffeln, Fischen usw.

Gedämpfte Zwiebeln

300 – 500 g Zwiebeln oder Schalotten
50 g Kochfett oder Öl zum Dünsten
2 dl Bouillon
Salz
Muskat
1 Pr. Zucker
etwas Streuwürze
wenig Zitronensaft
3 – 4 EL Rahm
evtl. Eigelb

Zwiebeln schälen, halbieren oder in Scheiben schneiden und im Fett dünsten, mit der Bouillon ablöschen, sorgfältig würzen und mit Rahm verfeinern. Servieren auf Toast, mit Schalenkartoffeln oder Reis sowie als Beigabe zu Hammel- oder Schweinebraten.

Zwiebel-Schinken-Kuchen

Teig (ergibt zwei Kuchen, kann tiefgekühlt werden)

125 g Butterflocken möglichst kalt werden lassen
(die Großmutter tat sie über Nacht in den Keller, wir haben den Kühlschrank – Eilige stellen die Flocken ½ Stunde in den Tiefkühler)
250 g Mehl
1 gestrichener KL Salz
4 – 5 EL möglichst kaltes Wasser

Die Butter mit möglichst kühlen Händen unter das Mehl reiben, das Wasser löffelweise beigeben, rasch kneten, eine Kugel formen, über Nacht in den Keller oder 1 Std. in den Tiefkühler stellen.

Füllung

250 g Schinkenwürfel
300 g Zwiebeln, geschält, grob gehackt
2 Eier
100 g Rahmquark
½ KL Kümmel
¼ KL Salz, weißer Pfeffer
100 g geriebener Emmentaler

Die Schinkenwürfel in der heißen Bratpfanne rösten, bis das Fett geschmolzen ist, die Zwiebeln beigeben, mitdämpfen, etwas abkühlen lassen.
Den Teig auswallen, einstechen. Die Eier verquirlen, Quark, Kümmel und Gewürze daruntermischen. Zuerst die Zwiebel-Schinkenmasse, dann die Eier-Quarkmischung auf den Teig geben. Im auf 200° C vorgeheizten Backofen 15 Min. backen, mit dem Käse überstreuen, nochmals 5 Min. backen. Mit grünem oder Feldsalat servieren.

Zwiebelstrudel
Strudelteig siehe Seite 20

Füllung
```
    2 EL  eingesottene Butter
   500 g  Zwiebeln geschält, halbiert, in feine
          Scheibchen geschnitten oder gehobelt
  1½ dl  Rinderbrühe
          Salz, Muskat oder Kümmel
    1 KL  Zitronensaft
       2  Eigelb
    2 EL  Paniermehl
```

Die Butter zergehen lassen, die Zwiebeln beigeben, auf kleiner Flamme 10 Minuten dünsten (sie dürfen nicht braun werden), mit der Brühe ablöschen, würzen, mit dem Eigelb legieren. Erkalten lassen.
Weiteres Vorgehen wie beim Apfelstrudel.
Eventuell mit Tomatensauce servieren, Kopfsalat dazu.

Essigzwiebelchen
```
    1 kg  Silberzwiebelchen
     2 l  Wasser
    1 EL  Salz
    2 dl  Olivenöl
    ¾ l   Weißweinessig
       4  Lorbeerblätter
       4  Knoblauchzehen
    1 KL  weiße Pfefferkörner
    1 KL  Salz
```

Die Zwiebeln in eine Schüssel geben, mit kochendem Wasser übergießen, ca. 5 Min. stehen lassen. Dann lassen sie sich schälen wie Mandeln. 2 l Wasser mit dem Salz aufkochen, vom Feuer nehmen, die Zwiebeln beigeben, zugedeckt 5 Minuten stehen lassen, sorgfältig abseihen.
In einem gußeisernen Kochtopf das Öl warm werden lassen, die übrigen Zutaten beigeben. Sobald das Gemisch zu kochen beginnt, Flamme kleinstellen, die Zwiebeln beigeben, nicht länger als 5 Minuten köcheln lassen. Sie müssen fest bleiben. Dann vom Feuer nehmen und abkühlen lassen. In saubere Gläser mit Schraubdeckelverschluß abfüllen, die Gewürze gleichmäßig verteilen, mit der Flüssigkeit gut bedecken. Falls Flüssigkeit fehlt, noch Weißweinessig beigeben. Verschließen, kühl und dunkel mindestens 2 Monate lagern.

Variante:
Statt Weißwein- Rotweinessig und statt Lorbeer Salbei.

Zwiebelringe als Aperitifgebäck

2 große oder 4 kleine Zwiebeln, in querverlaufende Scheiben geschnitten, die einzelnen Ringe ausgelöst

Ausbackteig
Die Hälfte der Zutaten des Apfelküchleinteigs von Seite 19 mit Ausnahme von Zucker zu einem Teig verarbeiten.
Die Zwiebelringe in den Teig tauchen und im Fritieröl ausbacken.

Die Zwiebel als Medizin

Die Großmutter wußte es noch:
Gegen jede Krankheit ist eine Zwiebel gewachsen! Wenn man ganz alte Bücher über die Heilkunde durchblättert: Die Zwiebel ist immer dabei!
Paracelsus schrieb im 16. Jahrhundert ein genaues Rezept für eine «Kraftspeise der Jugend»: Gleichviel Zwiebel, Kraut, Knoblauch, Karotten und Spinat so fein wie möglich zerkleinern und zu einem Mus vermischen, das man in einem verschlossenen Glas aufbewahrt. Jeden Abend vor dem Schlafengehen übergießt man in einer kleinen Tasse einen halben Teelöffel davon mit heißem Wasser und trinkt es.
Da hat man vermutlich das Aphrodisiakum, von dem einst Ovid und hier Werner sprach!
Immer wieder begegnet man dem «Zwiebelsirup», für den ich die beiden folgenden Rezepte am empfehlenswertesten halte:

Zwiebelsirup zur Entschlackung und Entwässerung (also angezeigt bei Gicht, Rheuma, Übergewicht): 200 g feingeschnittene Zwiebeln in ein Glasgefäß geben, mit einem guten, herben Weißwein übergießen, zwei Tage an einem dunklen Ort stehen lassen, abseihen, in gut verschließbare Flasche geben. Drei Eßlöffel täglich auf nüchternen Magen einnehmen.

Zwiebelsirup gegen Erkältungskrankheiten, Vorbeugungsmittel gegen Kinderkrankheiten, Grippe: 300 g Zwiebeln roh durchpressen, in einem Glasgefäß mit 100 g flüssigem Honig und 600 g gutem, herbem Weißwein vermischen, in gut verschließbare Flasche abfüllen. Täglich 3 Eßlöffel, einen vor jeder Mahlzeit einnehmen, die Flasche jeweils vor Gebrauch gut schütteln.

Wundsalbe: gleichviel feinzerschnittene Zwiebeln, Honig und Rotweinessig miteinander zu einer Paste rühren.

Gegen Nasenbluten: eine Zwiebel halbieren, die eine Hälfte auf den Nacken legen, die andere Hälfte vor die Nase halten und tief einatmen.

Insektenstiche: Frischen Zwiebelsaft aufträufeln. Bei Stichen in Hals und Mund: Zwiebel kauen und möglichst lang im Mund behalten. Diese Maßnahme kann lebensrettend wirken!

Blähsucht, Sodbrennen: eine halbe, feingeschnittene Zwiebel mit einem Stück trockenem Brot essen.

Zwiebelauflagen: (Frau Feißts Zwiebelwickel gegen Erkältungen, Heiserkeit, auch bei Geschwülsten, Furunkeln, Nagelbettentzündungen, Ohrenschmerzen): die Zwiebel in dünne Scheiben schneiden, in der Bratpfanne heiß werden lassen (aber natürlich nicht braten oder dünsten). Die Zwiebelscheiben in ein poröses Tuch (z. B. Gazewindel) einpacken, auf die schmerzende Stelle legen, darüber kommt ein wasserdichtes Tuch, damit der Wickel möglichst lange heiß bleibt. Stündlich erneuern.

Zwiebelmus (als Zugsalbe): Ein knoblauchgroßes Zwiebelstück durch die Knoblauchpresse drücken. Den Brei auflegen. Stündlich erneuern.

Warzen verschwinden, wenn man sie mit Zwiebelmus belegt.

Bestes Schnupfenmittel: in jedes Nasenloch ein Stückchen Zwiebel stecken. 5 Minuten lang tief einatmen. Stündlich wiederholen.

Brüchige Finger- und Zehennägel werden stark und glänzend, wenn man sie täglich mit Zwiebelmus bestreicht.

Sommersprossen kann man bleichen, indem man sie täglich mehrmals mit frischem Zwiebelsaft betupft.

Hühneraugen beseitigt man, indem man Zwiebelringe in Essig aufkocht, noch heiß in ein Mulltuch verpackt, über Nacht auflegt. Einige Tage lang ohne Unterbruch wiederholen.

Zahnschmerzen lindert man, indem man eine warme Zwiebel dort, wo der Zahn schmerzt, auf die Backe auflegt.

Die Zwiebel im Garten

Man kann Zwiebeln natürlich säen – so wie es diejenigen tun, die die Zwiebel zu Handelszwecken anbauen. Im Hausgarten zieht man den Zwiebelanbau mittels Steckzwiebeln vor: Steckzwiebeln sind im frühen Frühjahr in Samenhandlungen erhältlich. Mit einem Kilogramm Steckzwiebeln, richtig angepflanzt, kann man den Winterbedarf einer vierköpfigen Familie decken.
Die Zwiebeln steckt man ab Mitte April. Sie schätzen es, wenn ihr Beet mit Holzasche und Schwarztee-Blätterresten (Schwefel und Kali) gedüngt worden ist.
Es empfiehlt sich, die Steckzwiebeln vor dem Ausbringen über Nacht in lauwarmem Wasser einzuweichen.
Man macht 2 cm tiefe Furchen im Abstand von 25 cm und setzt jede Handbreite ein Zwiebelchen, das man so zudeckt, daß nur noch die Spitze hervorschaut. Gut andrücken.
Nicht genug empfohlen werden kann die Mischkultur mit Karotten, also auf demselben Beet

abwechslungsweise eine Reihe Zwiebeln, eine Reihe Karotten anpflanzen. Den Karottensamen mischt man zudem mit Radieschen- oder Dillsamen. Dies, weil die Saatreihen so schneller sichtbar sind. Fast möchte ich sagen, daß Zwiebeln, Karotten und Dill sich lieben. Einer vertreibt die Schädlinge des andern und fühlt sich dementsprechend wohl!

Auch bei der Zwiebelernte hatten unsere Großmütter ihre speziellen Tricks: Wenn das Laub braun zu werden beginnt, knickt man die Stengel. Etwa zwei Wochen später lockert man die Pflanzen mittels einer Grabgabel – und nochmals zwei Wochen später erntet man die Zwiebeln. Am besten macht man das morgens an einem sonnigen Tag. Man breitet sie an einem warmen, luftigen Ort zum Trocknen aus.

Die geernteten Zwiebeln bindet man schließlich zum Zopf. Nicht bloß, weil das hübsch aussieht: es ist die beste Art, die Zwiebeln lange frisch zu erhalten. Wenn man auch nicht so schöne Gebinde wie die Frauen aus dem Berner Seeland machen kann: Man nimmt ein paar Strohhalme, die man mit einem Bindfaden zu einem Mittelstück fixiert, bringt oben eine Schlaufe zum Aufhängen an und wickelt, von unten beginnend am Laubansatz jede Zwiebel daran.

Falls gelagerte Zwiebeln zu schießen beginnen: die Schosse sind, feingeschnitten, ein ausgezeichneter Schnittlauchersatz!

Nachwort

So, Sie haben unser Buch durchgeblättert, d. h. wahrscheinlich auch gelesen. Hoffentlich hatten Sie so viel Freude dabei wie wir beim Schreiben. Für mich war es vor allem die Erinnerung an meine Mutter, weit über das hinaus, was ich in diesem Buch von ihr geschrieben habe. Es war die Erinnerung an meinen Vater, an Onkel und Tanten, Cousinen und Vettern, die bei gelegentlichen Treffen einem bei der Erinnerung mit ihrem «Weißt Du damals ...» so helfen. Es war das Entdecken von Zusammenhängen, das Bedenken von Sachverhalten. Kurz, das Schreiben hat Spaß gemacht. So wie es Spaß gemacht hat, mit Kathrin die Fernsehsendungen zu machen, deren Zusammenfassung und Vertiefung dieses Buch ist. Wie Kathrin und ich dazu gekommen sind, die Sendung «Was die Großmutter noch wußte» gemeinsam zu produzieren, haben wir beide wiederholt erzählt. Wir haben inzwischen mehr als 30 Sendungen miteinander gemacht und es macht immer mehr Spaß.

Ursprünglich sollte dieses Buch 16 Kapitel haben, dann 12, jetzt hat es 10. Sein Umfang lag fest, und je mehr wir daran gearbeitet haben, desto mehr Material kam zusammen, so daß wir vor der Alternative standen, entweder weniger ausführliche Kapitel zu schreiben oder einen Teil der Themen auf ein weiteres Buch zu verschieben. Wir haben uns zum Verschieben entschieden. Und so kommt es, daß dieses Buch eine Reihe von Themen der Küche, des Gartens, der Gesundheit und Kosmetik ganz und gar nicht berührt hat. Es fehlen so wichtige Themen wie Fisch, wie Schweinefleisch, wie Geflügel, wie Teigwaren, wie Reis usw.

Im Grunde ist das Thema ja unerschöpflich, und je mehr man sich mit ihm beschäftigt, desto interessantere Dinge findet man. Für mich ist immer wieder der Bereich des Glaubens bzw. des Aberglaubens faszinierend.

Mag sein, daß mancher moderne Zeitgenosse über das, was unsere Großeltern geglaubt haben, lächelt. Sie lebten in einer Welt, die in sich geschlossen war. Sie lebten *in der* Welt, nicht auf der Welt wie wir, scheinbar überlegen, scheinbar über den Dingen stehend, im Wissen um die naturwissenschaftlichen Zusammenhänge und Bedingungen. Und dann widerfährt uns irgend eine kleine Unbill. Irgendein Ding spielt uns einen Streich und schon fallen wir aus unserer Überlegenheit heraus. Für unsere Großeltern hatte alles seinen Grund. In den Dingen und hinter den Dingen standen positive oder negative Mächte. Gegen diese konnte man sich wehren, deren Hilfe konnte man anrufen, aber das Ganze hatte einen Sinn. Manches von ihrem Glauben stammt aus einer vorchristlichen Zeit, war der Kirche verdächtig. Da gab es zum Beispiel den heiligen Urban, den Schutzheiligen des Weinbaus. Wenn es an seinem Fest, dem 25. Mai, regnete, hieß die Bauernregel: «Regnet's, nimmt der Wein Schaden und wird selten wohl geraten». Dann nahmen die Winzer die Statue des Heiligen und warfen sie in einen Bach oder ganz einfach auf den Misthaufen oder begossen sie mit schmutzigem Wasser. Schien aber die Sonne, galt die Wetterregel: «Strahlt Urban im Sonnenschein, dann gibt es vielen guten Wein». Dann nahmen sie die Statue mit ins Wirtshaus, bekränzten sie mit Weinlaub und tranken auf des Heiligen Wohl. Die Kirche hat die Verunehrung des Heiligen eines Tages verboten. Aber wieviel ursprüngliche Glaubenskraft spricht doch aus diesen Bräuchen. Wenn man nicht daran glaubt, daß durch die Fürbitte des heiligen Urban der Wein gedeiht, dann braucht man ihn auch nicht in den Dreck werfen. Zu den Erkenntnissen unserer Zeit gehört sicher dies, daß die Welt viel komplizierter ist, als physikalische und chemische Formeln es auszudrücken vermögen. Und daß mancher alter Brauch und mancher alte Glaube, wenn man ihn nicht wörtlich nimmt, sondern im übertragenen Sinn, die Kompliziertheit unseres Lebens und unserer Welt weit besser zu erklären vermag als Naturwissenschaft.

Viele Menschen wallfahren zu bestimmten Heiligen. Steckt darin nicht die Erfahrung, zumindest sie, daß wenn der Mensch etwas wirklich will, wenn er sich auf eine Sache konzentriert, wenn er Opfer für eine Sache bringt, Mühlsal für eine Sache auf sich lädt, er dann diese Sache auch erreichen kann, daß er dann etwas verändern kann? Nehmen Sie zum Beispiel die Medizin. Nicht der Arzt heilt, nicht das Arzneimittel, sondern der Mensch; sein Körper muß sich selbst heilen. Ärztliche Kunst und die Kunst des Apothekers können nur dem Körper bei diesem Heilungsprozeß helfen, ihn unterstützen. Mir hat jemand vor einigen Tagen von einem Mann erzählt, der von einem Arzt zum anderen läuft, voller Freude verkündet, daß er nun einen Arzt gefunden hat, der ihm wirklich helfen wird, und kurz darauf wieder enttäuscht feststellt, daß sich das Wunder nicht ereignet hat. Wunder ereignen sich nie, wenn man darauf wartet, wenn man passiv erwartet, daß von außen her etwas verändert wird. Das Wunder kommt von innen, kommt aus der Tiefe unserer Seele. Dort, wo die Kraft wohnt, die man Gott nennt.

Es kommt vor, daß in einem der vielen Briefe, die wir zu unseren Sendungen erhalten, unsere positive Einstellung zum Essen und Trinken, zu den Freuden dieser Welt kritisiert wird. Ja, es ist so. Wir sagen Ja zu der Welt, so wie unsere Großeltern – soweit ihnen nicht irgend eine Sonderform des Christentums dies verdorben hatte – Ja gesagt haben zum Leben, zum Essen, zum Trinken, zur Liebe, zu den Tieren, zu den Blumen, zu den Bergen und zum See. Unsere Großeltern glaubten, dies alles sei von Grund auf gut, und nur der Mensch verderbe die Dinge, wenn er das Maß verliere. Das ist vielleicht das Wichtigste, was «die Großmutter noch wußte».

Und so wünsche ich Ihnen zum Schluß dieses Buches, das Kathrin mit dem Vorwort eröffnet hat, daß Sie beim Ausprobieren der Tips viel Erfolg haben, daß Ihnen die Gerichte schmecken, daß Ihnen die Rezepte gelingen und daß Sie da und dort einen Anstoß zum Nachdenken bekommen haben. Vor allem aber, daß Ihnen das Buch Freude gemacht hat und Freude machen wird, wenn Sie etwas darin nachschlagen, die eine oder andere Geschichte noch einmal lesen.

Und vielleicht ist es uns gelungen, Sie in eine alte Zeit zu versetzen, die in mancher Hinsicht sicherlich auch eine gute Zeit war. (Auf einige Errungenschaften unserer Zeit möchte ich allerdings nicht verzichten.)

In diesem Sinne

Ihr

Register

Adam 12 – 14, 16
Altbackenes Brot (Verwertung) 26,
  39 – 41
– Brotgewürz 37, 39
– Käseschnitten Schmatz 39
– Nußschnitten 40
– Torta di pane 40 – 41
Amaretti 53
Apfel 12 – 23
– Adam und Eva 12 – 14, 16
– Apfelbaum 14
– Apfelsaft, -most 16, 17 – 18
– Brauchtum, Volksglaube 14 – 16
– Ernährung, Verwendung 15 – 16,
  17 – 23
– Geschichtliches 12
– Goldapfel 14 – 15
– Großmutterwissen 14 – 17
– Lilith 13
– Matthiasapfel 14, 15
– Medizin 15 – 16, 23
– Paradiesapfel 12 – 14; 121
– Rezepte 19 – 22
– Sorten 12, 15 – 16, 18
Apfelbaum 14
Apfeleis 80
Apfelessig-Kur 115
Apfelmost 16, 17 – 18
Apfel-Rezepte 19 – 22
– Apfel-Chutney 22
– Apfelfüllung 20 – 21
– Apfelkuchen Demoiselle Tatin 20
– Apfelküchlein 19 – 20
– Apfelmeerrettich 19
– Apfelpudding 21
– Apfelrösti 21
– Kalbsleber Berliner Art 19
– Strudelteig 20
Apfelsaft 16, 17 – 18
Apfelsorten 12, 15 – 16, 18
Augen 81
Augenringe 67

Ballaststoffe 15, 16, 102
Balsamessig 113
Bauernbrot 34 – 36

Baumnußöl 111
Beefsteak 88, 89
Beefsteak Tatar 88
Bibel 14, 100
Birnen 15
Blähsucht 157
Blattsalat (siehe auch Salat) 109
Blaue Portugieser 137
Brasato 94
Braten 90
Bratwurst-Sauce 140
Braune Zwiebelsauce „Sauce Robert"
  153 – 154
Brennesseljauche 68
Brot 26 – 41
– Altbackenes Brot (Verwertung) 26,
  39 – 41
– aus dem Tessiner Dorfbackofen
  30 – 32
– Brauchtum, Volksglaube 26 – 29,
  30 – 32
– Brotbacken 27, 28 – 29, 30 – 32
– Brotback- und Brotrezepte 34 – 39
– Brotgewürz 37, 39
– Brotsorten 31, 33, 34 – 39
– Getreidesorten 34
– Großmutterwissen 30 – 32, 33
– und Gesundheit 41
Brotbacken 27, 28 – 29, 30 – 32
Brotback- und Brotrezepte 34 – 39
– Bauernbrot 34 – 36
– Kartoffelbrot 38 – 39
– Sauerteigbrot 36 – 38, 41
– Scones 34
Brotfladen 32
Brotgewürz 37, 39
Brotsorten 31, 33, 34 – 39
Brotsuppe 26
Brüchige Finger- und Zehennägel 157
Brunnenkresse 100
Brüsseler Chicorée 116 – 117
Burgunder 137
Burgunderzwiebel 152
Buttermilch 76

Champagner-Crème 142

Chateaubriand 89
Chicorée 100, 101
Cholesteringehalt 23
Cholesterinspiegel 105
Christbaum 14, 15
Christnacht 14, 27
Chutney 22
Clubsteak 90
Costata di manzo 97

Darmtätigkeit 81
Dickmilch 79
Die Großmutter wußte 17, 30 – 32, 33,
  48, 60, 80, 92, 109, 124, 140, 151
Distelöl 106
Dreiweinbirnen 141
Durchfall 15, 23, 81

Ei 44 – 45
– Brauchtum, Volksglaube 44 – 46
– Frühstücksei 47
– Großmutterwissen 48 – 50
– Rezepte mit Eiern 50 – 54
– Schönheitspflege mit Eiern 55
– Zaubern mit Eiern 50
Ei-Rezepte 50 – 54
– Amaretti 53
– Eigelb 50
– Eierpilze 54
– Eiweiß 52
– Falsche Mayonnaise 52
– Großmutters Vanillesauce oder
  -pudding 50 – 51
– Mayonnaise 51
– Thunfischmousse 53
Eichblattsalat 101
Eierpilze 54
Eigelb 50
Eiweiß 52
Elbling 137
Endivie 100, 101
Entrecôte 89
Entschlackung 156
Entwässerung 156
Erbrechen 23
Erkältungen 157

163

Erkältungskrankheiten 156
Eselsmilch 74, 81
Essig 103 – 105
 – Entstehung 103 – 104
 – Essigsorten 112 – 113, 115
 – Geschichtliches 103 – 104
 – Medizin 115
 – Schönheitspflege 115
 – Tips für die Küche 105
 – Weinessig 104, 105, 112 – 113
   (Zubereitung)
Essigzwiebelchen 155
Eva 12 – 14, 16

Falsche Mayonnaise 52
Feldsalat 100
Fettleibigkeit 66
Fieber 23
Filet Mignon 89
Filetsteak 89, 90
Flanksteak 90
Fondue 143
Französische Zwiebel-Omelette 153
Frostbeulen 66
Frühlingszwiebel 152
Furunkeln 157

Gänsefüßler 137
Garten 8
Gazpacho 127
Gedämpfe Zwiebeln 154
Gefüllte Tomaten kalt 128
„Geißhirtle" 15
Gemüsepizza 125
Gemüsezwiebel 152
Geschwülste 157
Gesichtslotion 67, 131
Gesichtsmaske 55, 67, 81, 115
Gesundheit 41
Getrocknete Tomaten in Öl 126
Gicht 66
Glühwein 142
Goldapfel 14, 15
Golden Delicious 12, 16
Grippe 156
Großmutter wußte siehe Die Groß-
   mutter wußte
Großmutters Vanillesauce oder
   -Pudding 50 – 51
Gschwellti 62
Gulasch 92
Gurkensüppchen 80
Gutedel 137

Haar 131
Haarpackungen 55

Hackbraten im Brotteig 96
Halsleiden 23
Haushaltszwiebel 152
Haut 81, 115, 131
Hefeteigbrot 34 – 36, 41
Heimweh 29
Heiserkeit 157
Herz 81
Herzbeschwerden 66
Himbeeressig 112
Hirtenauflauf „Shepherd's Pie" 63 – 64
H-Milch 75, 77
Hochrippen- oder Rippensteak 89
Holzapfel 12
Homogenisierung 75, 77
Huhn 44 – 45
Hühneraugen 157
Hunger 26
Hutzelbrot 27

Insektenstiche 157
Italienischer Schmorbroten (Brasato)
   94

Joghurt 78
Joghurt-Cake 81
Joghurt-Rezepte 80 – 81
 – Apfeleis 80
 – Gurkensüppchen 80
 – Joghurt-Cake 81
 – Joghurt-Salatsauce 80
Joghurt-Salatsauce 80
Junket 79

Kalbsleber Berliner Art 19
Kartoffel 58 – 68
 – Brauchtum, Volksglaube 59
 – Ernährung, Verwendung 58 – 59
 – Großmutterwissen 60
 – Kartoffel-Garten 68
 – Kartoffelsorten 61
 – Kleine Kartoffelkunde 60 – 61
 – Kochtypen 60 – 61
 – Medizin 66
 – Papier und Stoff bedrucken 67
 – Rezepte mit K. 62 – 65
 – Schönheitspflege mit K. 67
Kartoffelbrot 38 – 39
Kartoffel-Garten 68
Kartoffelgratin 64
Kartoffelpfluten 64
Kartoffel-Rezepte 62 – 65
 – Hirtenauflauf „Shepherd's Pie"
   63 – 64
 – Kartoffelgratin 64
 – Kartoffelpfluten 64

 – Kräuterkartoffeln 64 – 65
 – Pellkartoffeln (Gschwellti) 62
 – Rösti 62 – 63
Kartoffelsalat 102
Kartoffelsorten 61
Kartoffelstempel 67
Käseschnitten Schmatz 39
Kastenbrot 33
Kefir 79
Ketchup 126
Kindbettfieber 26
Kinderkrankheiten 156
Kir 142
Kleine Kartoffelkunde 60 – 61
Kochen 8
Kochfleisch 90
Kochwein 140
Kopfsalat 100, 101
Kopfschmerzen 66
Kluftsteak 89
Krankheitsdiagnose 41
Kräuteressig 112
Kräuterkartoffeln 64 – 65
Kräuteröle 112

Lammragout an Barbera-Sauce 141
Lattich 101
Lebensbaum 14
Leinöl 106, 107
Liebeszeichen 14
Lilith 13
Linzertorte 27
Lorettoberg 72
Löwenzahn 100

Magenschmerzen 23
Magersucht 66
Markklößchen 95 – 96
Matthiasapfel 14, 15
Mayonnaise 51
Medizin 15 – 16, 23, 66, 81, 82, 115,
   144, 156 – 157
Milch 72 – 82
 – Brauchtum, Volksglaube 73 – 74
 – Ernährung, Verwendung 75 – 76
 – Großmutterwissen 80
 – Joghurt, Dickmilch, Junket, Kefir
   78 – 79
 – Medizin 81, 82
 – Milchsorten 75 – 78
 – Rezepte mit Joghurt 80 – 81
 – Schafmilch 82
 – Schönheitspflege mit Milch und
   Joghurt 81
Milchpulver 76
Milchsorten 75 – 78

Mitesser 67
Muttermilch 74

Nagelbettentzündungen 157
Nährmaske 55
Nasenbluten 157
Neapolitanische Pizza 125
Nerven 81
Nervosität 23
Nissel 100
Nüßlisalat (Feldsalat) 100
Nuß-Schnitten 40

Obstessig 104
Ohrenschmerzen 157
Öl 105 – 108, 111 – 113
– Geschichtliches, Brauchtum
  106 – 108
– Olivenöl 106 – 107, 111
– Ölsorten 88, 111 – 112
– Schönheitspflege 115
Olivenöl 106
Onkel Arthurs Tomatenkonfitüre 129

Paradeiser (siehe Tomate) 121
Paradies 12 – 14
Paradiesapfel 12, 121
Pasteurisierung 75, 77
Pellkartoffeln 62
Perl- oder Silberzwiebel 152
Pickel 67
Pizzaiola-Sauce 124 – 125
Pizza Margherita 125
Porterhousesteak 90
Prosphoren 28 – 29

Radicchio 101
Rapsöl 107, 111
Rapunzel 100
Rekonvaleszenz 23
Rettichsaatöl 107
Rezepte mit altbackenem Brot 26,
  39 – 41
– mit Äpfeln 19 – 22
– mit Brot u. Brotrezepte 34 – 39
– mit Eiern 50 – 54
– mit Joghurt 80 – 81
– mit Kartoffeln 62 – 65
– mit Rindfleisch 92 – 97
– mit Tomaten 124 – 131
– mit Wein 140 – 143
– mit Zwiebeln 153 – 156
Rheumatische Gliederschmerzen 66
Rib-Eye-Steak 90
Riesling 137
Rinderleber 92

Rindernieren 92
Rindfleisch 86 – 97
– Brauchtum, Volksglaube 88
– Ernährung, Verwendung 86 – 87, 89
– Geschichtliches 86 – 88
– Großmutterwissen 92
– Rezepte 92 – 97
– Sorten, 88, 89, 90
– Zubereitung 90
Rindfleischragout mit Biersauce 93
Rindfleisch-Rezepte 92 – 97
– Hackbraten im Brotteig 96
– Italienischer Schmorbraten
  (Brasato) 94
– Markklößchen 95 – 96
– Rindfleischragout mit Biersauce 93
– Rindskotelett (Costata di manzo) 97
– Salsa verde (grüne Sauce) 96
– Siedfleisch oder Tafelspitz 95, 96
Rindfleisch-Sorten 88, 89, 90
Rindskotelett (Costata di manzo) 97
Roastbeef 89
Roggenbrot 33
Römische Zwiebel 152
Rösti 62 – 63
Rote Zwiebel 152
Rotweinflecken 140
Rouladenscheiben 90
Roundsteak 90
Rumpsteak 89, 90

Salade niçoise 113
Salat 100 – 117
– Brüsseler Chicorée 100, 101,
  116 – 117
– Brauchtum, Volksglaube 100 – 103
– Ernährung, Verwendung 100 – 103,
  104 – 106 (Essig u. Öl)
– Geschichtliches 100 – 102 (Salat);
  103 – 108 (Essig u. Öl)
– Großmutterwissen 109
– Medizin (Essig) 115
– Öl und Essig 103 – 108, 111 – 113
– Salade niçoise 113
– Salatsaucen 103, 109, 114
– Salatwürzen und -Kräuter 110
– Schönheitspflege mit Essig, Kopf-
  salat, Olivenöl 115
– Sorten 100 – 102
Salatsaucen 103, 109, 114
Salatsorten 100 – 102
Salatwürzen und -Kräuter 110
Salsa verde (grüne Sauce) 96
Sauerbraten 90
Sauermilch 73
Sauerteig 31, 32

Sauerteigbrot 31, 36 – 38, 41
Schafmilch 82
Schalotte 152
Schlafstörungen 81
Schmorbraten 90
Schnittlauch 109
Schnupfenmittel 157
Schönheitspflege mit Eiern 55
– mit Essig, Kopfsalat, Olivenöl 115
– mit Kartoffeln 67
– mit Milch und Joghurt 81
– mit Öl 115
– mit Tomaten 131
Schwarzwald 26, 27, 90
Schwarzwälder Sauerbraten 90
Scones 34
Sesamöl 106
Shepherd's Pie 63 – 64
Siedfleisch 92, 95
Silvaner 137
Sirloinsteak 90
Sodbrennen 157
Sojabonenöl 112
Solanin 66
Sommersprossen 157
Sonnenblumenöl 106, 111
Sonnenbrand 55
Spanische Zwiebel 152
Speiseöl (siehe Öl) 106
Standard-Salatsauce 114
Stärkungswein 144
Steaks 88 – 90
Steinpilz-Sauce 140
Strudelteig 20
Suppenfleisch 92
Süßmost 17

Tafelspitz 90, 95
T-Bonesteak 90
Tenderloinsteak 90
Thunfischmousse 53
Tomate 58, 120 – 131
– Ernährung, Verwendung 120 – 121
– Geschichtliches 120 – 121
– Großmutterwissen 124
– im Garten 131
– Rezepte 124 – 131
– Schönheitspflege 131
Tomaten im Garten 131
Tomatenpüree 120
Tomaten-Rezepte 124 – 131
– Gazpacho 127
– Gefüllte Tomaten kalt 128
– Gemüsepizza 125
– Getrocknete Tomaten in Öl 126
– Ketchup 126

165

- Neapolitanische Pizza 125
- Onkel Arthurs Tomatenkonfitüre 131
- Pizza Margherita 125
- Pizzaiola-Sauce 124 – 125
- Tomatensalat Tessiner Art 127
- Tomatenspaghetti 128 – 129
- Tomatensuppe nach Käthi 129
Tomatensalat Tessiner Art 127
Tomatenspaghetti 128 – 129
Tomatensuppe nach Käthi 129
Torta di pane 40 – 41
Tournedos 89
Traminer 137
Traubenkernöl 106
Trollinger 137

Übersäuerung des Magens 66
Umschläge 144

Verbrennungen 66
Verdauung 15, 102
Verschlucken von spitzen Fremd-
körpern, Fischgräten 66
Verstopfung 66
Verwertung von altbackenem Brot 39 – 41
Vollkornbrot 33
Vollmilch 77

Waihen 27
Walnußöl 107
Warzen 157

Warze entfernen 59
Wegwarte 101
Weihnachtsnacht 14, 15
Wein 29, 134 – 144
- Brauchtum 138
- Ernährung, Verwendung 135 – 136
- Geschichtliches 136 – 137
- Großvater-/Großmutterwissen 138 – 140
- im Garten 144
- Medizin 144
- Rezepte 140 – 143
- Weinsorten 137
Weinessig 104, 105, 112
Weingeist 103
Weinkuchen 142
Wein-Rezepte 140 – 143
- Bratwurst-Sauce 140
- Champagner-Crème 142
- Dreiweinbirnen 141
- Fondue 143
- Glühwein 142
- Kir 142
- Lammragout an Barberasauce 141
- Steinpilz-Sauce 140
- Weinkuchen 142
Weinsorten 137
Weißbrot 33
„Wöchnerinnensuppe" 26
Wundsalbe 156

Zahnreinigung 23
Zahnschmerzen 157

Zaubern mit Eiern 50
Zichoria 101
Zichorie 101
Zitronensaft 105
Zwiebel 148 – 159
- Brauchtum 149 – 150
- Ernährung, Verwendung 148 – 149
- Geschichtliches 149
- Großmutterwissen 151
- im Garten 157 – 159
- Medizin 156 – 157
- Rezepte 153 – 156
- Sorten 152
Zwiebelmus 157
Zwiebel-Rezepte 153 – 156
- Braune Zwiebelsauce „Sauce Robert" 153 – 154
- Essigzwiebelchen 155
- Französische Zwiebel-Omelette 153
- Gedämpfte Zwiebeln 154
- Zwiebelringe als Aperitifgebäck 156
- Zwiebelsalat 153
- Zwiebelsauce 153
- Zwiebel-Schinken-Kuchen 154
- Zwiebelstrudel 155
Zwiebelringe als Aperitifgebäck 156
Zwiebelsalat 153
Zwiebelsauce 153
Zwiebel-Schinken-Kuchen 154
Zwiebelsorten 152
Zwiebelstrudel 155
Zwischenrippensteak 89

Die erfolgreichen Erzählungen unserer beliebten Tessiner Autorin Kathrin Rüegg:

Tessiner Tagebuch, Band 1:
Wie Kathrin Rüegg ihre Karriere aufgibt und das einfache Leben in einem Tessiner Bergtal sucht!

Tessiner Tagebuch, Band 2:
Hier schildert Kathrin Rüegg liebevoll ihre Erlebnisse im Dorf, das ihr zur Heimat wird!

Tessiner Tagebuch, Band 3:
Von Menschen, Tieren und Pflanzen, mit denen Kathrin Rüegg immer wieder Neues erlebt und lernt!

Tessiner Tagebuch, Band 4:
Durch den großen Schnee abgeschnitten von der übrigen Welt, eine eindrucksvolle Begegnung mit drei jungen Menschen!

Tessiner Tagebuch, Band 5:
Kathrin Rüegg wird Schafhirtin von Froda. Ein Spinnkurs für Stadtfrauen – zwei köstliche Erlebnisse!

Tessiner Tagebuch, Band 6:
Kathrin Rüegg ist es gelungen – das naturverbundene Selbstversorger-Leben auf dem Land!

Tessiner Tagebuch, Band 8:
Die heitere Geschichte eines Jahres voller Bausorgen und wie Kathrin Rüegg ihm so viele fröhliche Seiten abgewinnt!

Tessiner Tagebuch, Band 12:
Eine nicht alltägliche Alltags-Geschichte aus dem reich erfüllten Tessiner Leben von Kathrin Rüegg!

Die reich illustrierten Bild- und Textbände von Kathrin Rüegg:

Tessiner Bild-Tagebuch, Band 7: Die glückliche kleine Welt der Kathrin Rüegg in Bildern!

Tessiner Tagebuch, Band 9: Mit Kathrin Rüegg durchs ganze Jahr! Rezepte, Tips und Tricks aus Küche, Feld und Stall!

Die „Großmutter-Bücher" 1, 2 und 3, mit vielen Tips, Tricks und Rezepten, Band 1 und 3 mit Erzählungen von Werner O. Feißt:

Großmutter-Band 1
Tessiner Tagebuch, Band 10: Bilder und Zeichnungen erklären die Tips für jede Jahreszeit aus Küche, Garten, Stall.

Großmutter-Band 2
Tessiner Tagebuch, Band 11: Kathrin Rüegg schildert ihre beglückende Jugend und kramt in Erinnerungen. Eine Fülle von alten Rezepten und Tips!

Großmutter-Band 3
Tessiner Tagebuch, Band 13: Manch kostbare Überlieferung, Rezepte, die oft tatsächlich von Großmüttern stammen, werden für die Nachwelt bewahrt!